树头新绿望成荫

奶奶伴孙游学海

阚 心 施惠丽 / 著

文匯出版社

菊花（2017 年 9 岁）

目录

上篇 孙女的才艺展示——4

一、把引来的春天留在人间——7

二、家是一个动词——18

三、麻雀的臆想——23

四、水乡夏韵——28

五、灵魂乐手——36

六、丰收锣鼓——50

七、彩虹小屋——57

八、心心相印——63

九、“你别太伤心了！”——69

十、天空任鸟飞——77

十一、“我们被隔离了！”——84

十二、我有个好奶奶——92

百合花（2018 年 10 岁）

目录

下篇　奶奶的伴学感悟——104

一、珍惜"教儿婴孩"的机会——107

二、不做则已，做就要做好——121

三、用自己的脑子思考——135

四、既能动口，又能动手——147

五、善良才是最美的——156

六、诚实比获奖更重要——166

七、孝敬父母是感恩的基础——175

八、培养孩子的大爱之心——188

附录：爷爷镜头里的爱——201

后记——212

孙女的才艺展示

小伙伴们，大家好！

我是孙女，名叫阚心，今年 11 岁啦！你们可能都没见过我的姓，它的读音跟“看”字一样。这个姓很稀少，但也有个好处，就是容易让人记住。记得我刚进“江五”[1]读一年级的时候，孟校长到食堂检查伙食，跟我坐在一桌。她当时问了我的姓名，没想到过了一段时间，她在校门口看到我，竟然一下子叫出了我的名字，给了我一个很大的惊喜。

更有趣的是，在上海话里，“阚”和“开”的读音很相近，因此家里人都管 我叫“开心”。我来到这个世界，长辈们别提有多高兴了，都把我当作心肝宝贝，也祝愿我一生快乐，爸爸灵机一动，就为我取了这个名字。愿小伙伴们一起来分享我的快乐吧！

我是个爱学习的女孩。我喜欢语文、数学、英语，成绩优良。我也喜欢课外阅读，看了不少书。我跟奶奶说过，我想一生遨游在书海中。我还把这句话制成了书签，用来勉励自己。

我的业余爱好不少。4 岁开始，奶奶送我去学画画，一直到现在，

① 上海市长宁区江苏路第五小学的简称。这所小学已有近百年的历史，前身是中西女中附属小学，以“小中西”闻名海外。1986年至今，学校连年被评为上海市文明单位。

我还在美校学习。七八年来，我画了近300幅作品，有些已在校内外获奖或展出，其中《水乡夏韵》获得第50届世界儿童画展（中国区）金奖。在幼儿园的时候，奶奶还让我学弹古筝，现在我已通过了7级；在七彩阳光全国青少年才艺展评中，获得儿童B组古筝（独奏）项目银奖。另外，在全市“自说自画”故事大赛中，我进入了总决赛，获得优胜奖。我还两次获得中国福利会少年宫好（优秀）学员称号。

在家里，我是一个懂得感恩的小字辈。平时，我会帮助长辈做一些力所能及的活儿。到了假期，我经常会和爷爷奶奶一起推轮椅陪伴老太太到公园游玩，还会学着给奶奶按摩。每逢爷爷奶奶爸爸妈妈生日，我都不会忘记自制贺卡，献上我的爱心！

在学校，我是一个有集体荣誉感的学生。老师经常推荐我参加学校和区里的比赛，除了画画，还有像创意彩泥、游泳等等，我都会积极配合，乐意为班级和学校争光。小伙伴们，下面就请你们花一点时间，一起看看我的才艺表演吧，看完可不要忘了批评哟！

把引来的春天

留在人间

梅花

当冬天百花凋谢时，
你却踏着风雪而来。
你是寒风中的傲霜枝，
更是寒冬中的一点红。
当春天百花齐放时，
你却跟着风雪而去。
你亲切地和我们说再见，
把引来的春天留在人间！

我喜欢梅花，喜欢与梅花同框，也喜欢为梅花写诗作画。

读三年级的时候，语文课本中有王安石的一首诗：“墙角数枝梅，凌寒独自开。遥知不是雪，为有暗香来。”我以前观察过梅花，读了这首诗后，受到了启发，产生了联想，就写了上面的《梅花》。这是我第一次写诗，奶奶看了，表扬了我，但说我不讲究押韵。是的，我没有注意押韵，只是觉得这样写，能够反映我对梅花的真实情感。班主任陈老师在期终评语中专门提到这首小诗，说它“语句优美，富有创造力，老师不禁为你感到骄傲”。

我画过不少花，有菊花，有荷花，有葵花，还有蝴蝶花、兔子花、百合花和樱花等，但我最喜欢的还是这幅梅花画。

我的第一幅梅花画

这是我第一次画梅花，是经过认真修改后完成的。

2017年2月3日中午，我坐在书桌前，随意翻了一通寒假作业本，偶尔发现其中有道题目，深深地吸引了我。它要求学生用吸管轻吸一点墨水（当心不能吸进嘴里），然后慢慢地吹，吹出梅花的枝条，最后再画梅花。这时很想自己要尝试一下。先是翻箱倒柜找墨水，但没找到，心想就用炫彩棒画吧。当时，我家小区的梅花正在盛开，那粉红色的花瓣很惹人喜爱。我把纸张、画板和炫彩棒放在客厅的茶几上，然后跑到阳台看草坪上的梅花树，寻找感觉。开始，我在厅和阳台之间来回跑，看一看梅花树，再跑回厅内画几笔。后来觉得这样有点累，就把作画的用具搬到阳台茶几上，对着梅花树画，结果花了不到一小时就完成了。

过了几天，我看着这幅画，看来看去，总觉得不顺眼，布局和色调都有些问题。经过琢磨，我把这幅日间图换成了夜景，在画的左上角加了个月亮，还反复调试色彩，给整幅画添加了蓝黄相间的底色，衬托出月光洒向梅花的意境。

教美术的吴老师看了这幅画，说它不功利，可能是一时兴起，随手一画，但好像灵光一现，让人眼前一亮。画不一定画得很好，却有一种清新、淡雅的舒适感，第二遍很难画得出来。这就是它宝贵的地方。

我很留恋这幅画——梅花好像在一个劲地呼唤春天的到来呢！

雏菊（2013 年 5 岁）

荷花（2014 年 6 岁）

葵花（2015 年 7 岁）

樱花（2015 年 7 岁）

风信子（2015 年 7 岁）

兔子花（2016 年 8 岁）

蝴蝶花（2017 年 9 岁）

罂粟花（2017 年 9 岁）

家是一个动词

和“爸妈”吃早餐

2015年暑假期间，上海轨道交通车厢的电视屏幕上，播放着我参加拍摄的一个视频广告。这是童年时给我留下的一段美好而又难忘的记忆！

那是在我幼儿园快毕业的时候，爸爸听到一个同事说：有家广告公司准备为一家知名企业拍广告，正在全市幼儿园寻找儿童演员，你家女儿长得不错，可以去试试。

“全市优秀的孩子多了，哪会轮到她呀！”爸爸心里可能这样想。我猜测他对我不抱多大的希望，但想借这个机会，让我见见世面，练练胆量。他找了这家公司的电话号码，很快与对方联系上了。对方了解了我的简要情况，说等他们安排好时间就让我去面试。

没过几天，我就接到了通知，奶奶陪我一起去了面试地点。我是排在第二个。考官先要我做自我介绍，然后问我有什么爱好，课外都学了些什么。开始时，我有些怯场和紧张。过了一会儿，工作人员要我穿着他们备好的衣服，让他们从各个角度拍照，试试效果，我才逐渐放松下来。面试大约花了一节课时间，结束时，工作人员说如果录取会通知我，不录取就不通知了。

奶奶是个很有心的人。她经过打听，知道其他几个参加面试的小朋友，都来自宋庆龄幼儿园或市总工会幼儿园。我上的幼儿园名气不是最响，心想自己可能没希望了。没料到过了半个月，广告公司通知我去拍片，还可由一位家长陪同。我听到这个消息，真是喜出望外！

到了那一天，妈妈开车带着我前往拍摄地点。和我同时录取的，还有一男一女两个小朋友：男孩

学煎鱼

与妈妈一起拍广告

比我小一岁，女孩和我同龄。有意思的是，女孩的妈妈是上海人，爸爸是日本人。

拍片一开始，有个叔叔先给我们提出了要求，要我们听指挥，不许在现场乱跑，然后给我们分配了角色。我是本色出演，那两个男女孩分别演爸爸和妈妈，我负责做“饭菜”给“爸妈”吃。

我一个不到 7 岁的孩子，以前在家里都是饭来张口，现在要我给家里人做饭菜吃，这可真把我难住了！记得其中有道菜叫煎“鱼”，要我手拿锅子，把“鱼”生的那面向上抛一下，让熟的那面翻过来落在小锅中。我硬着头皮，不知试了多少次，练得小手好像都要断了，最后好不容易拍成了。

麻雀的臆想

麻雀的臆想

这幅画是我在二年级下学期画的。爸爸给它取了个名，叫《麻雀的臆想》。

那是2017年上半年，教美术的吴老师在课上要我们画一幅画，画上必须有动物、植物和昆虫三个元素。

不太会画画的同学，听了可能感到有点难。我当时倒觉得还算容易，因为自己在校外美校上课时，曾经画过麻雀和盆景，还画过“活农药”七星瓢虫，对画它们心里都有点数。我拿定主意，就画这些熟悉的内容，为了画面布局需要，又添加了蜘蛛和网。蜘蛛是我第一次尝试画，算是挑战自己了。

后来我知道，大部分同学画的是鸟、蝴蝶和草，有个别的画了动物园，像我这样画的没有。这可能跟各人的爱好和积累不同有关吧。

过了不久，学校举办第一届“紫藤下成长”美术作品网络展评。我们班级有两个同学参加了，我是其中的一个，投的就是这幅画。结果很幸运，获

麻雀和盆景

得了一等奖，我心里很高兴。

正巧这个时候，第二届国际少儿创新艺术邀请展在国内征稿。它是由上海市儿童基金会等机构主办的，以“共同的星空”为主题，引导少年儿童积极参与国际性文化交流，加强不同民族文化之间的交流与融合。

吴老师建议我参与。我和奶奶说了这件事，奶奶认为这是扩大眼界的好机会，当场就答应了。我们比较了前面两幅画，看来看去，觉得还是用第一幅好，内容丰富，也难画一些。奶奶说只是麻雀画得胖了一点。我开玩笑回答说：“奶奶，画得胖好啊，

一等奖证书

在第二届国际少儿创新艺术邀请展展台前留影

现在麻雀营养好呀！”奶奶听了，禁不住笑了起来，我也跟着笑了。

后来，经过国际评委的严格评审，我的这幅画入选参展了。当年7月30日上午，这届邀请展在上海开幕，中国、美国、英国、德国等近20个国家的200多幅作品参展。爷爷奶奶带着我去观看了展览。我看到自己的画也在其中，脸上虽然没有露出笑容，心里却是乐开了花。奶奶帮我拍下了这个难忘的瞬间。

水乡夏韵

我在很专注地画画

这幅名叫《水乡夏韵》的作品，获得了第50届世界儿童画展（中国区）金奖，也是我学画以来获得的最高奖项。

2019年暑假刚开始的时候，奶奶在手机中无意之间发现一则信息：第50届世界儿童画展开始报名了。奶奶想到我的作品参加过国际少儿创新艺术邀请展，这次也是国际性画展，又正好暑假有时间，可以让我画幅作品参加比赛，增加一次学习交流的机会。她马上把这次活动的宣传资料打印好给我，我看后就答应了。

宣传资料中没提到作品的主题，只是说以往的作品反映了世界各国浓郁的地域特色，生动地表现了不同肤色、不同种族的孩子对未来的期待，对和平的向往。

奶奶的理解能力超级棒。她对我说："你要画的话，一定要有中国的特色。"奶奶征求我的意见，问我画什么内容好。前些日子为了参加考级，我练习画过江南水乡古镇的房子，还画了好几幅，就说画古镇的房子可以吗？奶奶说行，就这样定了。

7 月 20 日下午，我和奶奶一起到校外辅导过我美术的王老师家里，把要画水乡古镇的想法说了。老师说完全可以，叫我先根据自己的构思画个草图。我思考了一会儿，画出了草图，上面有水乡河道两旁的房子、石拱桥，河中还有两条船。老师提出船只旁边还可画点东西。我就想到了画点荷花和荷叶。在上幼儿园小班时，奶奶带我去外面学画画，那时就画过荷花，现在看起来不像荷花倒像枫叶，但是年龄大一点画得就比较像了，还得到过老师的好评呢！荷花很快就画出来了，奶奶看后说画得又快又像。画完荷花后，我看到石拱桥上没人，有点单调，就加了身穿汉服的母女俩，撑着大红色的油纸伞来

画得像枫叶一样的荷花[1]

遮阳。老师还建议在房屋旁边弄个晾衣架。我不太喜欢，就画了一串灯笼，表示喜庆，也有奶奶说的"中国特色"哩！

画这幅画花了四个多小时，我只休息了六七分钟。老师说我坐得住，不分心，奶奶拍了我在画画时的照片。我看了照片，为自己的专注而感到有点

① 画上的字是老师写的，荷叶和桥的轮廓线条，也是老师画的。

水乡夏韵

小兴奋呢！

参加这次活动，我没有想过得什么奖。奶奶说船画得胖了。教美术的吴老师说画得很不错，但要注意近大远小的透视关系。我知道这幅画有缺点，后来居然得了金奖，这完全是出乎我的意料的。

获奖证书
Certificate

阚心 同学：

在2019年第50届世界儿童画展（中国区）选拔活动中表现出色，荣获 小学 组

金奖

特发此证，以资鼓励。

In 2019 The 50th International Children's Art Exhibition(China Station) Outstanding performance. This certificate of commendation is hereby awarded to you as an encouragement.

The 50th International Children's Art Exhibition (China Station) 2019 Organizing Committee

获金奖证书

我练习画的水乡古镇的房子

灵魂乐手

临摹画《灵魂乐手》

Olivier Bonhomme 的原画

这是我第一次参加慈善义拍的画，是我三年级时在美校作的一幅临摹画。原画是法国插画艺术家 Olivier Bonhomme 的作品，教我们画画的何老师给它取了个好听的名字：《灵魂乐手》。

奶奶心肠好，要我从小做善事。我向贫困山区捐了压岁钱后，奶奶一心想让我通过自己的画，来帮助有困难的人。去年 12 月中旬，奶奶看到有家慈善基金会搞慈善市集活动，里面有绘画义拍项目，就希望我参加。我答应了，可是要马上画一幅画，时间来不及了。奶奶翻看了我过去的许多作品，选了不少画进行比较，除了上面这幅画，还有 20 幅别的画，其中多数是临摹画，有些是创意临摹。

奶奶比来比去，最后选定了《灵魂乐手》，觉得它无拘无束，夸张有趣，会让人喜欢的。与对方一联系，果然很快就被看中了。

不知奶奶是什么时候去裱画装框的。到了那天中午，奶奶带着我，乘地铁去参加义拍。下午一点半左右，活动开幕了。我等候在休息的地方，奶奶拿着包装好的画框，跟一个小姐姐走进了义拍的地方。

听奶奶说，这次慈善活动有好多项目，义拍画安排在第二个环节。参加义拍的画一共有七幅，多数是那边的工作人员画的，志愿者小朋友画的只有两幅。开始先拍成人的画，少的 50 元一幅，最高的 150 元，有一幅没成交，奶奶说这叫流拍。后面轮到拍小朋友的画了，另一个小朋友排在我前面，画的是冬季的景色，画得蛮有创意的，拍得的价格明显高于成人的画。最后拍的是我的画。人家都是50元起拍，我的画起拍价竟是300元。奶奶以为是一次到顶了，没想到竞拍多次加码，很快就到了800元。这时有一个大哥哥加了50元，不料紧跟着又有人加了50元，最后900元成交，拍得了当天画的最高价。

义拍结束，我正坐在沙发上玩手机，只听见奶奶的说话声："这就是画这幅画的小朋友。"还没等我反应过来，一个大哥哥就走上前来，把我吓了一跳，手机差点掉在地上。

奶奶说，这个大哥哥要拍你的画，没拍到，想要见见你。他很喜欢你这幅画，因为他是一位萨克

汉服女孩（2017年9岁）

斯乐手，喜欢你的画用色大胆，也喜欢画面上乐手夸张的神态和自由奔放的性格。大哥哥提出要跟我拍照留念，我可从来没经历过这种场面，一时不知如何是好。他刚说完，就蹲在了我的旁边，他的朋友很快用手机拍下了我们的合影。

奶奶告诉了我义拍的结果，还将主办方颁发的感谢证书给我看。这时候，我的心里别提有多高兴啦！

感谢证书

Certificate of Appreciation

阚心

谨代表上海愿望成真慈善基金会、病童及其家庭，
感谢你支持“2019 WeWork x Make-A-Wish®圣诞慈善市集 上海场”！
你将激励和帮助我们为更多中国罹患重病的儿童和青少年创造改变人生的愿望旅程，
让他们真正有机会忘记病痛、感受希望、力量和欢乐！

On behalf of Make-A-Wish® Shanghai and our wish children,
we thank you for supporting the 2019 WeWork x Make-A-Wish® CHRISTMAS CHARITY MARKET in Shanghai.
Your will inspire and help us to grant more life-changing wishes to children with critical illnesses in China
and truly give them the chance to experience life beyond illness.

Zhu Jie
Chief Executive Officer, Make-A-Wish® Shanghai

wework | Make-A-Wish. 愿望成真 SHANGHAI

慈善基金会感谢证书

奶奶挑选过的我的画

民族舞（2017 年 9 岁）

画室里的人（2017 年 9 岁）

喝水的猫（2018 年 10 岁）

饼干先生（2018 年 10 岁）

万圣节（2018 年 10 岁）

未来科技（2018 年 10 岁）

春（2014 年 6 岁）

猫（2014 年 6 岁）

金鱼（2014 年 6 岁）

校车（2016 年 8 岁）

马灯（2016 年 8 岁）

绘本里的故事（2017 年 9 岁）

蚂蚱（2017 年 9 岁）

火烈鸟（2013年5岁）

秋千女孩（2014 年 6 岁）

青蛙先生（2018 年 10 岁）

熊猫王国（2016 年 8 岁）

沙漠骆驼（2015 年 7 岁）

小火龙（2019 年 11 岁）

丰收锣鼓

盼望老师来教我弹古筝

我5岁那年，奶奶带我到教弹古筝的随老师那里去。老师介绍了一下古筝，然后弹了一曲《小星星》给我听。这欢快的声音是我熟悉的，我一听就被吸引住了。当时对乐器倒没有多大的兴趣，也不了解，但我想只要是这个老师上课，再难也没关系。我就小声地对奶奶说："我要报名学！"

但奶奶不同意，叫我一定要想清楚，还和老师说："给我一个月的时间考虑吧。"一个月的期限到了，我对奶奶说："奶奶，您帮我报名吧，我会按照您的要求，每天练半小时到三刻钟，不怕苦，不怕累，也不会后悔的。您如果不放心，可以把要求写在纸上，贴在放古筝旁边的墙上，让它天天提醒我。"奶奶说："贴就不贴了，你记在心里就可以了。"奶奶看到我决心很大，就同意了。第二天，奶奶买了古筝，还买了弹古筝时坐的红木圆凳。我很喜欢，就盼着老师早点来家里教我。

老师教我的第一首曲目，是山东民间乐曲《凤翔歌》。她先让我掌握基本节奏、用指规律以及简单的左右手配合，后来又示范演奏姿势、手型和基本指法。她一边教，一边帮我纠正不规范的动作。

刚开始三个来月，我兴致很高，每天都不折不扣地完成练习任务。后来呢，我的兴趣渐渐消退了，向奶奶提出一星期是否练五天，停两天。但是奶奶没有同意，我只好继续练下去。到了半年以后，我感到练古筝太枯燥了，没什么劲。跟我一起学的三个女孩子，都陆续放弃了。奶奶看到我有点厌倦的样子，就严肃地对我说："学弹古筝是你反复考虑后自己决定的，你要记住当初的承诺，不能碰到困难了就打退堂鼓，应该想办法克服。你要对自己的选择负责。”她还和我商量，弹古筝是否可以不计时间只算练的遍数，现在练的曲目短，每天练十遍就休息。我高兴地答应了。为了提高我的兴趣，奶奶还拿来两只小盆子，一只空的，一只放了10粒红豆。我每弹一遍，奶奶就将一粒红豆拿到空盆子里，直至拿完为止。奶奶也真会想办法，后来又把红豆换成五颜六色的纽扣和我玩过的各种各样的小玩具。这一招还真管用，我一心想弹完十遍就可玩了，忘记了弹古筝的枯燥。每次弹完，我还和奶奶击掌喊“耶”呢！

奶奶对我说，学弹古筝主要是为了培养我的气质，考级是为了检验和促进我平时的学习。奶奶希望我认真参加考级。8月初是考级的日子，不少同学都出去旅游了，我只能到8月中旬才可出去玩，

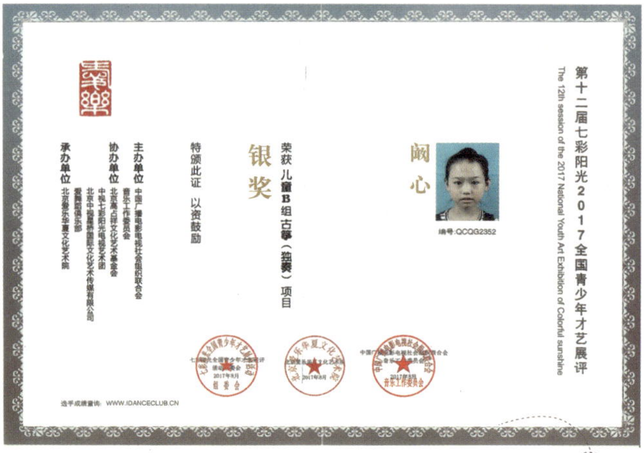

全国青少年才艺展评儿童 B 组古筝独奏获银奖证书

好羡慕他们啊！从 2015 年开始，我跳过 1 至 3 级，直接考 4 级，一次性通过了。2017 年暑假开始后，我每天弹古筝五六个小时，就像魔鬼训练一样，结果我跳过 5 级，又顺利地通过了 6 级考试。

过后不久，爸爸妈妈为了让我见见世面，帮我报名参加七彩阳光全国青少年才艺展评。比赛开始前，我心情还算比较放松的，但当广播中报到我的名字时，我一下子紧张了起来。面对台上刺眼的灯

学弹古筝初心不改

光，我走到舞台的右侧，看到台下黑压压一片观众，心好像快要从喉咙里跳出来了。我可从来没有见过这样大的场面啊！“大家好，我叫阚心，我今天演奏的曲目是《丰收锣鼓》。”做自我介绍时，我都管不住自己的腿，不停地发抖。好在我一坐在古筝旁边，心自然而然就静了下来。乐曲一声声响起，我好像变了一个人，心思完全沉浸在演奏中了。比赛结束，我获得了银奖，心里真有说不出的高兴。

没有金箍棒的孙悟空

彩虹小屋

看了这个彩泥孙悟空，你们可能会纳闷：齐天大圣怎么没有那根金箍棒呢？这说起来有点话长。

我从幼儿园开始就捏过彩泥。还在小班的时候，有一天，爸爸妈妈带我去外面听公开课，学习怎么和家长一起捏彩泥。这是我第一次接触彩泥，做了一只洞洞鞋。这鞋上的小叶子和一朵花，鞋襻两边的黑纽扣，鞋面上的一个个小洞，都是我做的。小叶子和花是老师教我用刻刀做的，但没老师做得好看和精致。鞋面的小洞洞是用喝饮料的吸管打的，鞋襻的纽扣是用一点黑色的彩泥搓搓圆，贴在鞋襻上，再压压扁，就做好了。鞋的外形是爸爸妈妈按

我第一次捏的彩泥作品

小灰熊

环保农场

老师的要求为我捏成的。鞋里紫色的垫底是爸爸做的，鞋后跟一圈橘色是我和妈妈合作的。我当时手感不好，坑坑洼洼的地方全是我弄的。自从捏了这只洞洞鞋，我就喜欢上了玩彩泥。这些年来，我捏了不少作品，《小灰熊》《环保农场》算是捏得比较好的。奶奶还帮我拍下了在家创作彩泥作品《奇幻星球》的照片呢！

前年搬家时，家里人把我捏的其他彩泥作品都扔掉了，只留了洞洞鞋和孙悟空做纪念。但因搬动时不小心，孙悟空的金箍棒碰断了。奶奶要我补上去，我没有当回事，这就成了现在的样子。唉，只怪这根金箍棒是泥做的，要真是金的就不会断了啊！

我以前捏彩泥是凭兴趣和感觉，从小学三年级下学期开始，参加了班级的捏彩泥兴趣班，才学了一些有关的知识和方法。兴趣班有十个同学，前后学了一年多，以捏生肖为主。前年区举办“童心共建美好生活”创意拼搭大赛，我们班有四个同学参

在家创作彩泥作品《奇幻星球》

彩虹小屋

加了比赛，我是其中之一。我们用彩泥搭建东方明珠等建筑物，大家分工合作，各自拿出自己的强项，最终夺得了团体二等奖。

实际上在这之前，是2017年下半年，我参加过学校所在区的创意彩泥比赛。这是我第一次参加这类比赛，没有什么经验，但奶奶鼓励我参加，说锻炼锻炼呗！

我想象了密林中动物玩乐的一个场所：彩虹门，蘑菇房，花石子的路面，咖啡色的围栏。清澈的池塘里，有大荷叶，有大黄鸭，还有跳跃在大水草上的大红鱼！池塘左侧的休息区，袋鼠妈妈把它的小宝贝扛在了肩上，做得比蘑菇房还高，也真有点奇葩。熊猫是我的最爱，我把它放在了当中的位置。在彩虹门上方，还有一只紫色的鸟儿在守护，它的鸣叫声，也许会给林子里带来更多的生气。坚固的石头栅栏，给动物们带来了安全感。在它的左侧还有一棵大松树，可惜灯光遮掩了它的树干，只露出碧绿的树叶。我喜欢动物，喜欢环保，也喜欢鲜艳的色彩，这幅《彩虹小屋》体现了我的这些爱好，没想到获得了二等奖。

奖 状

阚心同学：

荣获2017年长宁区青少年创意彩泥展示

（小学A组）

二等奖

长宁区学校艺术教育委员会

2017年12月

创意彩泥获奖证书

心心相印

心心相印

青春永驻

“慈母手中线，游子身上衣。临行密密缝，意恐迟迟归。谁言寸草心，报得三春晖。”孟郊的这首《游子吟》，我在三年级的课文中学过。今年上半年在空中课堂上课时，我又在课本上读到了这首诗。开始，我对它没多少感觉，但周老师反复解释内容后，我有了比较深的体会。我感到诗中写的虽然是母子之情，但很像我和奶奶的感情一样。有一天晚上，我给奶奶背了这首诗，还说：“奶奶我爱你。我就像那小草一样，长大后一定会报答你的。”后来，我根据自己的想法，特意为奶奶做了一张剪纸《心心相印》。它看上去很普通，却包含着我对奶奶的

《心心相印》精致版

一片爱心。

这张剪纸由四层组成，每一层都有寓意。外圈为第一层，由大心连着小心，象征着我和奶奶心连心，心心相印。紧接着为第二层，由笑脸与大勾组成，象征着我们笑口常开，一帆风顺。再接着为第三层，由海鸥和小草组成：海鸥不像麻雀一样贪恋枝头，它飞过了大海，象征着志向远大；小草从“谁言寸草心，报得三春晖”中汲取，象征着知恩图报。最里面为第四层，由“十”与花组成，“十”代表了十全十美，象征着奶奶的完美；花与任何一朵花的模样都不同，象征着奶奶有着独特的魅力。其实，外圈的小心放大了看，就像桃子，桃子代表了果实；奶奶一直关心和教育我，就是希望我一生健康快乐，尽量做个比较优秀的人，做个有用的人，也就是能够结出理想的“果实”。

在这张剪纸对折没展开时，中间是镂空的爱心，

送给老师的纸花贺卡

外形就像一个“春”字。奶奶好像发现了这个奥秘，我说这是希望奶奶青春永驻啊！

这张剪纸是完全没有参照物的，是我自己想出来的。为了做得精致一些，后来我在原来的样子上又剪了几下，我自己觉得不错，不过奶奶还是喜欢前面一张，说它比较简洁大方。

剪纸是吴老师在美术课上教的。我注意老师剪纸的技巧和方法，加上我会画画，所以剪得重叠的图形发开后不会断，样子也比较好看。有一年学校举办民俗节，我班因有同学出水痘被隔离了，老师就组织我们进行剪纸比赛。其他同学都用模板样子剪纸，我自己设计，画了个独一无二的莲花图样。

没想到剪好交到老师那里后，老师一看就喜欢上了。当时，同学们都在叽叽喳喳地说冠军到底什么标准，

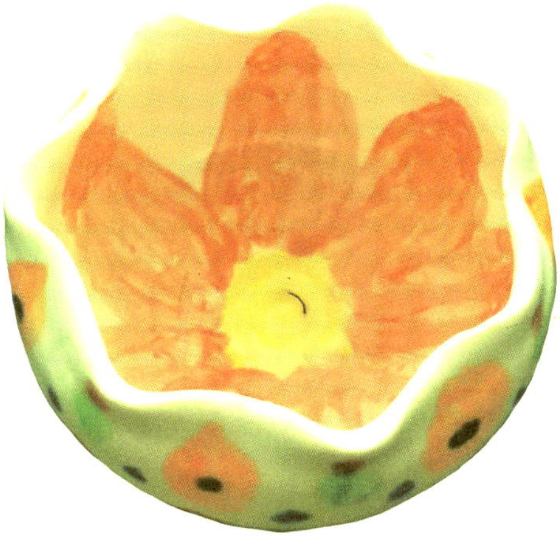
花果瓷碗

怎么评。老师把我的剪纸往墙上一贴，十分霸气地说：“谁能超过这个，谁就是冠军！”老师对我的肯定，使我更喜欢上了剪纸。同学们问我要剪纸，我也乐意送给他们。

爸爸妈妈知道我喜欢手工，还带我去附近公园的陶瓷工作坊玩。我一到那里就舍不得离开，很投入地体验了一把。那段时间，爷爷奶奶正好从山西旅游回来，帮我买了平遥漆器精品“梅兰竹菊”仿古小屏风。我就首先想到了把梅花和竹子画在碗上。烧制出来一看，效果还真不错。这也算是我对爷爷奶奶爱我的一个小小的回报吧！

梅竹瓷碗

“你别太伤心了！”

我家的狗狗和猫咪

看到家里养的可爱的狗和猫，我有时会想起自己安慰过一个男生的事情。

这件事情，我跟奶奶说起过。当时征得我同意，奶奶还录了音，事后整理成了文字。看了整理的稿子，有一千多字，条理也还清楚，奶奶高兴地说：怪不得有一次外校老师到你们班级上公开语文课时，老师要你第一个回答问题，看来你的即兴表达能力还可以啊！

我心里想，要是我的口头表达真的还算行的话，应该感谢奶奶从小送我、陪我去中福会少年宫学习，上“看图说话”“多元智能”[①]和“小主持”的课吧。我也算为奶奶争气的，在那里先后获得了好学员和优秀学员的荣誉证书。

下面就是奶奶为我讲的这件事情整理的稿子，她说只是做了少量的修改。

① “多元智能”这门课侧重思维训练和动手能力的培养，我从幼儿园中班一直上到三年级。

中福会少年宫好学员、优秀学员证书

奶奶，您问我在校做过助人为乐的事吗？我就和您聊聊吧！

有的同学和我想法不同，有时认为我喜欢多管闲事，但我认为这样很快乐啊！在别人有困难或心情不好的时候需要我帮助，那我是很乐意帮助他们的。

我今天说的是有个男同学，他的心情不好有点特殊。他家养的一只狗狗和他同岁，去世了。他非常伤心，连上课也无精打采，下课时一直趴在课桌上想他的狗狗。

这个同学平时看上去大大咧咧的，但是个

很重感情的人，而且非常讲义气。他对狗狗的感情，就像对待亲人一样。

有一天体育课上，他和我讲了他的这件心事。体育老师脸上写满了问号，想一个喜欢体育课的人，居然一直和女孩子聊天，还聊得那么嗨！

我除了安慰他之外，还问他：“你知道你家毛孩子（指狗）的寿命一般是多少岁吗？”他回答：“不知道。”我说：“那你知道你家毛孩子的1岁，相当于人几岁吗？”他说：“我知道，大约是7岁。”我又问他：“那你家毛孩子活了11年，等于人几岁啊？”他说：“77岁。”我说：“我觉得你家毛孩子77岁，不是已经快到80岁的老人了吗？寿命算是可以了，你别太伤心了！”他说：“是的，但人的寿命比狗狗还长呢！”我说：“那你想不想知道，一只狗狗的寿命，最多可以活到多少岁？”他说：“不知道。”我说：“小型犬的寿命大概在15岁左右，12岁以上都算是长寿的了，有的八九岁不到就去世了。”

然后，我就转移话题，问他：“你知道为什么有些人家虽然非常喜欢猫狗，可也只是在朋友圈和网络上搜着看可爱的猫猫狗狗图片却不养吗？”他回答：“不知道。”我说：“就是怕这些毛孩子离开的那一天，不能承受这份分别的痛苦才不养的。”这个同学沉默了一会儿说：“我特别喜欢这只狗狗，它一直陪伴我，和我同龄，很可爱。我和它有很深的感情，它走了，我真的受不了！”

听了这句话，我很有同感，整个人状态都

不好了。我压根都不愿意接受毛孩子离去的这种现实的。但他既然向我倾诉了，我就得安慰他啊！

我就对他说："那你知道毛孩子死后去了哪里吗？"他急忙问："去哪里了？"我说："会去汪星。"这是我骗他的，是我自己编的，因为在书本上看到过喵星，就瞎编了一个。他问："汪星是什么东东？"我说："这是一个集中去世了的毛孩子的地方，那里会有好多好多的狗狗，陪着你家的毛孩子玩，在那里狗狗不会生病，不会死亡。"

后来，我利用大活动时间，邀请他一起到校图书馆，借了一本专门画猫猫狗狗的书。我在书中选择了一只柴犬狗狗，帮他画了一幅画，当场送给他。他小心翼翼地把画压在自己书包柜的底部，以减少他对自家狗狗的思念。

从那以后，我发现他没怎么在意他家狗狗去世的事了，心情也不断好起来了，又变回了阳光、开朗的男生了。

奶奶后来还为这件事对我说："做这方面的安慰工作，不夸张地说，你比我还强，有说服力。"我想，这是奶奶又一次鼓励我。实际上，我能这样安慰同学，跟我也喜欢狗狗有关系。我曾经写过一篇作文，题目就叫《我的心爱之物》：

我家有一只小狗，它叫白小贱。乌黑发亮的大眼睛，两只可以竖起的小耳朵，一条俏皮的小尾巴。

这只可爱的小狗，是个彻头彻尾的小疯子，一旦遇到陌生人张口就咬。但它也很聪明，只有遇到体型比它小的狗，它才凶。可惜它是只茶杯犬，对谁也凶不起。

记得有一次，白小贱因为从茶几上跳下，导致了它的脚韧带断裂。经过了一次手术，它装上了一根人工韧带，还要连着几天输液、打针。看到它这么可怜，我也抢着照顾白小贱，帮它清洗伤口、涂药。一次涂药时，我一不小心用棉签碰到了它的伤口，白小贱惨叫一声，还下意识地咬了上来，但又像感觉到了什么一样停下了。

白小贱虽然受了伤，也不改变贪吃的毛病。我一靠近狗粮，它就狂叫。妈妈说："它担心你和它抢饭吃呢！"我和妈妈一起悉心照料白小贱，它很快痊愈了。我和白小贱也增进了感情。

这就是我的心爱之物。它一直陪伴着我，瞧，它现在还在我的怀里呢！

这篇作文写得不太好，但可以说明我对狗狗的感情，也可以说明我为什么会懂得一些关于狗狗的知识。

天空任鸟飞

天空任鸟飞

这幅《天空任鸟飞》的漫画，是丰子恺先生的佳作。我在读四年级的时候，教语文的周老师布置了一份课堂作业，要求我们观察这幅漫画，发挥想象力，自拟题目，写一篇作文。

老师说完，我看着这幅画，脑海中马上闪现出两个情景：一是我和奶奶在我家 13 层的高楼上放飞过一对美丽的蝴蝶。奶奶说，这对蝴蝶可能是她开阳台窗户时从别人家里飞过来的。我们觉得好玩，把它们留在家里。后来怕蝴蝶不适应室内生活，我们依依不舍地把它们从窗户放出去。奇怪的是，这对蝴蝶没有马上飞走，而是在我们面前连转了两圈才离去。这一幕对我来说，印象太深刻了。记得后来美术老师布置作业，我还以它们为原型画了一群蝴蝶呢！二是让我想起了以前看到过的一篇范文，讲的是一个小男孩放飞一只小鸽子的故事。

蝴蝶群舞

于是，我把两者结合起来，借用漫画的题目《天空任鸟飞》，写了下面这篇作文，受到了老师的赞许。

前一阵，我家养了一只可爱的小鸟。从此，我的生活开始有趣了起来。

每天，我都早早地起床给它喂食，只见它的脖子一伸一缩，半碗鸟食就下肚了。下午放

学后，我坐在书桌边，它就用它那双黑珠似的大眼睛滴溜滴溜地望着我，那双会说话的眼睛好像在说：“小主人，你要好好学习，好好读书，当一个有出息的人，不要辜负我的期望哟！”

可有一天，我发现小鸟什么都没吃，我在做作业时，也不看着我了。它用羡慕的目光望着窗外，随我怎么叫也不肯理睬我。只有几声清脆的鸟叫声从窗外传来时，它呆滞的目光才露出一丝兴奋。它是多么渴望大自然啊！它渴望与小鸟朋友团聚，它渴望倚靠在妈妈的身旁，它渴望能在蓝天下飞翔，它渴望在大树上鸣唱，它渴望自由的一切！

我也知道它渴望自由，可是，我就是舍不得。舍不得那双殷切的眼神，舍不得那一声声如感谢般的鸣唱，舍不得它吃东西的搞怪模样。可是，鸟儿的家是大自然呀，我怎么可以为了自己的快乐去将它囚禁在孤独的笼子之中哪！我要让它回家。

于是，我怀着不舍的心情，把鸟笼拿到了阳台上，默默地望着小鸟。小鸟也感觉到了什么，用头靠在了我的手上。我抚摸着它的头，轻轻地拿起一条面包虫，放到了它的笼子里。我觉得这次它吃东西的样子真好看。接着，我缓缓地打开了笼子门，小鸟走了出来，看着我发愣。我说道："小鸟，飞吧！"它展翅一跃，飞上了天空，在我的头顶上绕圈圈。可是，它又回到了阳台上。我惊奇地望着它，清晰地看到，小鸟的眼中盈满了泪水。我摸着它说道："回

家吧！”它拍拍翅膀，越飞越远……

下页是作文的影印件。

从影印件中可以看到，老师批改这篇作文时，在九个地方画了圈，给的成绩是优加两颗五角星，还写了一段赞扬的话：“条理清晰，内容感人。文中运用排比句，不但突出小鸟渴望自由，同时写出了自己释放小鸟的不舍，感情真挚！”这是老师对我的鼓励。

这篇作文中还存在不少缺点。除了有些用词不准确，还有好几个错别字，比如“碗”“辜”“丝”，还有像小鸟的代称，先后用了“它”“她”和“他”，前后不一致。另外，在“靠在我我手上”中多了个“我”字；“样子”写成“样了”。这说明我写的时候粗心，写完后又没有仔细检查。好在老师给我指出来了。因此，我应该戒骄戒躁，努力克服缺点，争取“更上一层楼”。

天空任鸟飞

前一阵，我家养了一只可爱的小鸟。从此，我的生活开始有趣了起来。

每天，我都早早地起床，给它喂食，只见它的脖子一伸一缩，半碗鸟食就下肚了。下午放学，我坐在书桌边，它就用她那双黑珠似的大眼睛滴溜溜地望着我，那双会说话的眼睛好像在说："小主人，你要好好学习，好好读书，当一个有出息的人，不要辜负我的期望哟。"

可有一天，我发现小鸟什么都没吃，我在写作业时，也不看着我了，它用羡慕的目光望着窗外，随我怎么叫也不肯理睬我，只有几声清脆的鸟叫声从窗外传来时，它呆滞的目光才露出一丝兴奋。它是多么渴望大自然啊！它渴望与小鸟朋友团聚，它渴望依靠在妈妈的身旁，它渴望能在蓝天下飞翔；它渴望在大树上鸣唱，它渴望自由的一切！

排比句 写出了小鸟渴望的心情

我也知道它渴望自由，可是，我就是舍不得，舍不得那双殷切的眼神；舍不得那一声声如感谢般的鸣唱；舍不得它吃东西的搞怪的样子。可是，鸟儿的家是大自然呀，我怎么可以为了自己的快乐去将它囚禁在狭窄的笼子之中哪，我要让它回家！

于是，我怀着不舍的心情，把鸟笼拿到了阳台上，默默地望着小鸟，小鸟也感觉到了什么，用头靠在了我手上，我抚摸着它的头，轻轻地拿起一条面包虫，放到了它的笼子里，我觉得这次它吃东西的样子真好看。接着我缓缓地打开了笼子门，小鸟走了出来，看着我发愣，我说道："小鸟，飞吧！"它展翅一跃，飞上了天空，在我的头顶上绕圆圈。可是，她又回到了阳台上，我惊奇的望着她，清晰的看到，小鸟的眼中盈满了泪水，我摸着它说到："回家吧。"它拍拍翅膀，越飞越远……

点评：条理清晰，内容感人，文中运用排比句，不但写出小鸟渴望自由，同时写出了自己释放小鸟的不舍，感情真挚！

5.13

“我们被隔离了！”

“我们被隔离了！”这是我一篇演讲稿的题目。

2019年暑假，为了丰富和拓展校园文化，全国语文学习科学专业委员会等单位举办“七彩读写”现场系列活动，小学一至五年级学生均可报名参加，还可自由选择写作、演讲、音乐和舞蹈项目。我和奶奶商量后，决定参加写作和演讲，开阔一下眼界。写作是现场出题。演讲以学生身边发生的人和事为主题，可以自备材料。

我想到2018年12月班级发生的一件事情，印象很深，也很有意思。因为亲身经历，内容熟悉，讲起来也容易产生激情，于是我就把这件事作为演讲的内容。下面是我的演讲稿：

“什么？我们班级被隔离了？”

“我没听错吧？”

去年12月7日中午，我在和同学窃窃私语着。

这件事还得从当天说起。那天上午，我们得到消息，我们班有个同学发烧了。

“没想到她的发烧是由水痘引起的。”周老师苦笑一声说，“这下可好了，今年最后3个星期，我们被隔离了！”

宋老师当机立断给我们确定了“特殊待遇”。这回惨了！我们不仅要和大家错开吃饭时间，还要取消所有的集体活动。我期盼已久的学校民俗节就离我们而去了。

被隔离的第一天，我照例背着书包来上学。不过，我没有走到那熟悉的书包柜旁，而是走进了3楼的语文教室里。刚被隔离的那几天，我一点儿都不适应：我不适应被关在语文教室哪儿都不许去；不适应本来就很窄的走道因堆满书包显得更狭窄了；不适应每一个老师都在同一个教室里给我们上课。

当我们正在抱怨各种不适应、不习惯的时

候，周老师忍无可忍了，大吼一声：“我也很不适应呀！你们成天闹闹哄哄地聚在这里，我不被你们烦死也会被你们吵死！”顿时，教室安静了。

学校民俗节到来了。老师们想尽了办法，让我们过一个完美的民俗节。周老师在教室准备了冰糖葫芦，陈老师特地下楼为我们去拿了一大盆各种口味的爆米花。大家你抓一把，我抓一把，很快，爆米花就见底了。

有个男同学抓起一把爆米花，脸上洋溢着幸福：“今天终于能光明正大地当个超级吃货啦！这对于像我这样的胖子来说，真是最幸福的时候，这可比在下面排队靠谱多了！”

其他班级的老师也为我们带了一点民间艺人做的草编蚱蜢和手链。我们剪纸、分礼物，玩得不亦乐乎。其他班在操场上欢天喜地，我们班在教室里自娱自乐。看来隔离并没有那么讨厌，有失必有得嘛。

希望这个同学能快点好起来！

当天的演讲在一间教室进行，每批安排十个学生。我走进教室，里面鸦雀无声，气氛有点压抑。我是第三个轮到，之前心情很紧张，演讲时倒放松了。因为是自己写的，内容又都背下来了，我脱稿讲很顺利，不像有些选手忘词、停顿，有的还照着稿子念。我们这一批赛完，我从评委老师的笑容和眼神中，预料到自己临场表现不错。不久我接到通

2019 年“七彩读写”演讲获奖证书

知，这次演讲获得了二等奖。

这是我第一次参加演讲比赛，能够获奖，这跟我在市少年宫学“看图说话”和“小主持”课很有关系。

“看图说话”这门课，我从幼儿园中班开始就学了。根据老师的要求，我看着课本上的图，一幅一幅地说，奶奶好有耐心，帮我逐字逐句记录下来，然后交给老师批改。在期末公开课向家长汇报演出时，我好多次得到的成绩是五颗星，《松鼠和小鸟》的成绩单上还写着：“故事讲得有声有色的，真棒！”这个故事是这样的：

小松鼠住在一棵很粗壮的大树上。它很可爱，长着毛茸茸的尾巴，圆圆的脸，尖尖的耳朵，还有一双勤劳的手。

一天，小松鼠出去找食物吃。路上下雨了，它想找个躲雨的地方，看见了小鸟们在叽叽喳喳地叫妈妈。它马上跳上树去张开双臂，帮小鸟们挡雨。可是雨很猛，下起了“倾盆大雨”。

课本上《松鼠和小鸟》的图画

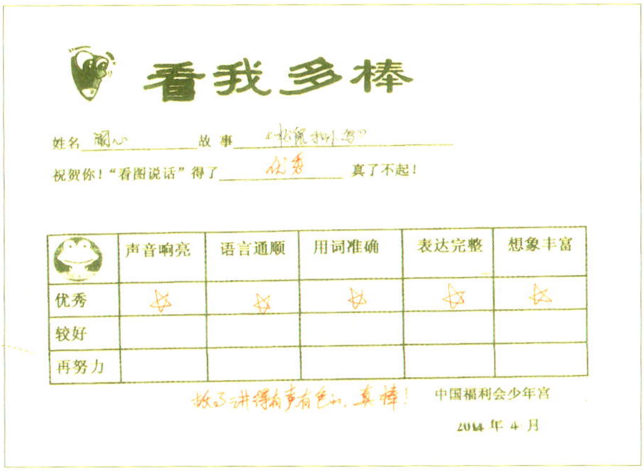

看我多棒

姓名 阚心　故事 《松鼠和小鸟》

祝贺你！“看图说话”得了 优秀 真了不起！

	声音响亮	语言通顺	用词准确	表达完整	想象丰富
优秀	☆	☆	☆	☆	☆
较好					
再努力					

故事讲得有声有色，真棒！　中国福利会少年宫

2014 年 4 月

老师给的成绩和评语

小松鼠的手太细了，没法帮小鸟遮雨。它灵机一动，想出了一个办法。它找了一片很大很大的树叶，给自己挡雨，把自己的尾巴给小鸟们取暖。过了一会儿，雨停了，小鸟妈妈回来了。小鸟妈妈看到它的孩子们“安然无恙”，高兴得眉开眼笑，对小松鼠说：“谢谢你保护了我的孩子们，谢谢你帮我的孩子们挡雨！”

学习“看图说话”课程后，我又根据自己的兴趣，选学了它的升级课程“小主持”，巩固和提高了学习成果。这些都为我的演讲能力打下了基础。

我有个好奶奶

奶奶退休后国外旅游留影

看了前面的图文，你们可能已经知道我奶奶很爱我，我也很爱我奶奶。下面我用讲故事的形式，说说奶奶给我印象最深的一些事情，以表达我对奶奶的感激之情。

同学们都羡慕我有个好奶奶。今天我就讲讲奶奶在学习和生活上关心我的一些小故事。

我的奶奶吧，插过队，当过农民，做过公务员，也担任过企业的部门经理，还得过不少奖励呢！奶奶性格开朗，心地善良，待人真诚，乐意助人。

奶奶让我懂得了一旦选择好的事，就要有毅力，坚持做好。从我记事起，奶奶就把我送到课外班去学习一些知识。除非是出去旅游，不管天气炎热和寒冷，不管刮风下雨，我从来都没有缺课和迟到过。

记得有一次，是星期天下午，我要去市少年宫上“多元智能”课，偏偏天公不作美，下着倾盆大雨，风在耳边呼呼地响。爸爸妈妈不在家，爷爷出去旅游了，不能开车送我们。奶奶说，乘地铁方便，不耽误时间。谁知我出了门10分钟不到，裤子、鞋子都被雨打湿了，成了落汤鸡。好在奶奶是个细心的人，帮我带了备用的裤子、鞋子和袜子，让我在进教室前换好。

还有一次，是2016年1月24日，有零下7摄

奶奶当经理时多次获奖

氏度，是上海30年来最冷的一天，所以我的印象很深。那天，奶奶还是坚持叫我去游泳馆学游泳。

奶奶把我的课程安排，像科目、上课地点和时间，专门写在一张纸上，贴在冰箱的前面，好让我们家里人都知道。只看时间安排，不管天气多么糟糕，也不管家里发生了什么事，奶奶都以身作则，把上课放在第一位。我知道了做任何事要有恒心，要有始有终。

我的奶奶吧，也是一个心灵手巧的人。前一年，学校表演《音乐小屋》，我扮演主角，需要穿白色公主裙。当天放学回家时才得到消息，老师说第二天上学时就要，可是我家里没有这样的裙子。奶奶知道后，想到商店去选购也来不及了，就通过微信朋友圈求助。后来，从一个同学的妈妈那里借到了。因为那条裙子太长了，又是借来的不能剪短，所以奶奶把裙子里三层外三层都缩短了一些缝起来，一直缝到深夜。第二天演出时，我穿着这条裙子亮相的时候，同学们纷纷问我这条裙子是哪里买的，还得到了他们不少的掌声。

从我出生开始，奶奶就喜欢给我织毛衣。她说外面的衣服批量生产，难免穿着会雷同。奶奶喜欢独一无二，所以我还是毛毛头的时候，她就帮我用全毛羊绒织了一件漂亮的睡袋，用全棉纱线织了连体衣。这是我大一点懂事的时候看到的。奶奶织的羊毛衫有套衫，有开衫，还有连帽小风衣，都很好看，我都特别喜欢。奶奶帮我织过一件普蓝色的毛衣，因为我的名字中有个“心”字，她就在这件毛衣下方织了一个大红色的“心”，可以当作口袋，既美观，又实用。我喜欢极了，经常在口袋里放一包纸巾备用。

让我很难忘的是，奶奶冬天怕我到外面上课冷，

奶奶牌围巾

帮我织了一件深灰色的毛衣，还用钩针钩了一条枣红色菊花图案的围巾。虽然不是特别好看，但是十分的温暖；上面的细节，也能看出奶奶钩这条围巾十分用心。有一天，我到市少年宫上课，老师看到了就问我："阚心，你这条围巾是什么牌子的？我想帮我女儿也买一条。"我忍不住笑了起来，回答说："老师，我的围巾是奶奶牌的。"老师愣了一下说："奶奶牌的？"我马上回答说："这是奶奶帮我钩的，所以是奶奶牌啊！”老师一听也笑了。

奶奶还是个遇到困难不会退缩的人，会积极动脑筋，想方设法解决问题。有一次，老师让我剪窗花，学校民俗节的时候要用。可是我跟老师说，我家里没有这种大纸。老师很自信地说：“放心，你奶奶会帮你解决的。”我奶奶在老师心目中好像是个无所不能的人一样。

奶奶对我做事很放手。前年秋季的一天，市少年宫搞活动，奶奶看到攀岩处人很少，就鼓励我去试试。我很害怕，看到那么高的攀岩器材，心里十分紧张。奶奶说不要紧的，有保险带，你放心大胆地去攀登吧。因为是徒手攀登，随着身体的不断上移，也要借助手和脚的配合。我能够掌握人体的平衡，不像旁边一个男孩子尖叫着要掉下去了。攀到中途，我力气不够，爬不上去了。虽然第一次没有攀到顶，但是我认为我又多了一次经历，拥有了更多的可以骄傲地讲出来的事情。

我还很喜欢跟奶奶聊天。我有很多困惑都能在和奶奶聊天的时候解开，这让我很高兴。有一次上体育课，有些同学不好好上课，吵闹得不行。我和几个同学上课挺认真的，没有吵闹。老师不但不批评他们，反而批评我们几个人。我跟奶奶说了这件事情，我说我很生气，很委屈。可是奶奶没有和我一样生气，反而劝我要做最好的自己，不要生气，也不要和他们一起吵闹。我觉得奶奶说得

初次攀岩

没道理啊！我跟奶奶说：为什么别人上课开了小差，而偏要我们受罚呢？奶奶对我说：

“这有可能是老师没看清楚。这些事情都是小事，不要在意那么多，一定要让自己乐观开朗起来，因为自己生气解决不了别人的问题。自己生气了等于在惩罚自己，自己又没有做错，干吗要惩罚自己呢！”听了奶奶的话，我的气渐渐消了。

所以，我很乐意把我关于处事上的问题跟奶奶讲。很多同学的家长都没有这么跟孩子谈心过的。我很喜欢跟奶奶谈心的那种感觉。在跟奶奶的谈心、聊天中，我明白了很多道理，好像比在课堂上学到的还要多。

奶奶也是一个虚心的人。她多次问我：“奶奶有什么缺点吗？你说出来，让奶奶好好改改。”我说奶奶什么都好，就是有些唠叨，对我不大放心，总要提醒我。虽然奶奶有时听了之后也会反驳，但她会很认真地记住这件事，并且努力地去改正。后来，我看到了爸爸过去写给奶奶的一封信，我对奶奶唠叨的看法也有了一些改变。

爸爸的信是这样写的：

妈妈：

今天是母亲节，也是我第一次给您写信。首先，感谢您十八年来给我的一切。

以前总以为您挺唠叨的，对您的话听不进去。但现在我可能是长大了的缘故，对您过去所做的事（为我）有了新的认识。

十八年来，您对我是多么的爱护、关怀，给我力量，予以鼓励，赋予勇气。

在我累的时候，等着我的总是一个舒适的

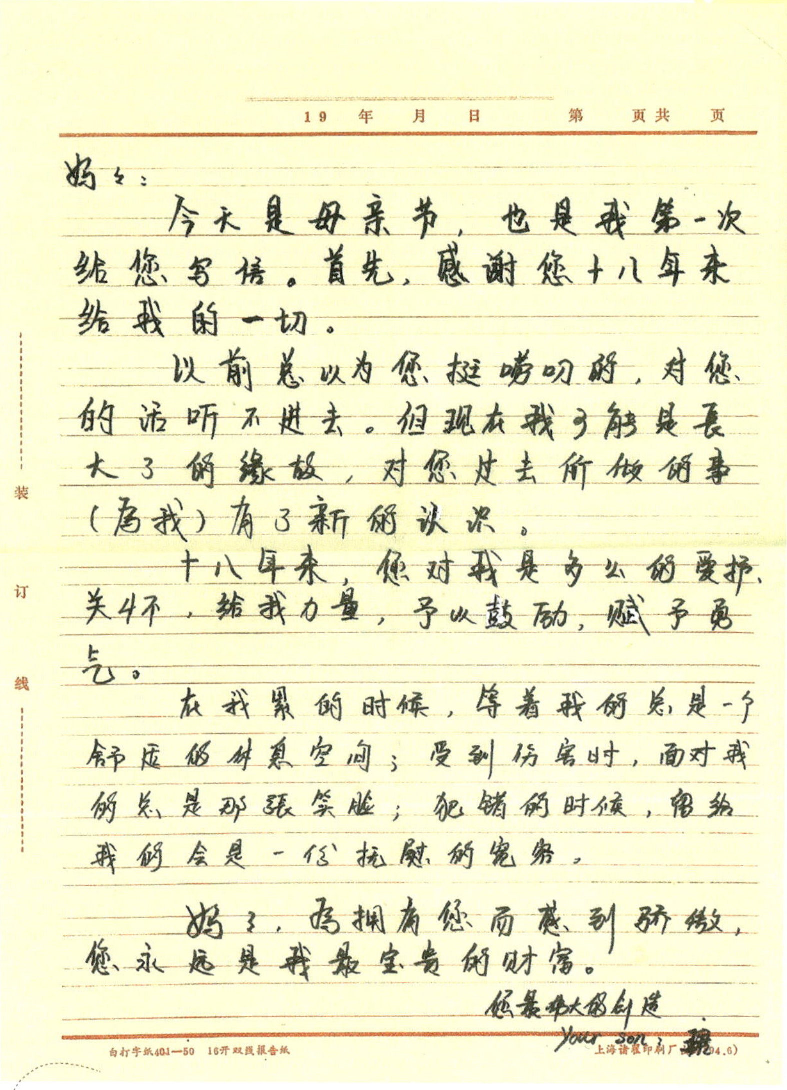
19 年 月 日 第 页共 页

奶奶：

今天是母亲节，也是我第一次给您写信。首先，感谢您十八年来给我的一切。

以前总以为您挺唠叨的，对您的话听不进去。但现在我可能是长大了的缘故，对您过去所做的事（为我）有了新的认识。

十八年来，您对我是多么的爱护、关怀，给我力量，予以鼓励，赋予勇气。

在我累的时候，等着我的总是一个舒适的休息空间；受到伤害时，面对我的总是那张笑脸；犯错的时候，留给我的会是一份抚慰的宽容。

奶奶，为拥有您而感到骄傲，您永远是我最宝贵的财富。

您最伟大的创造

Your son：[illegible]

装 订 线

白打字纸401—50 16开双线报告纸 上海请留印刷厂 [illegible]94.6）

爸爸 18 岁时写给奶奶的信

休息空间；受到伤害时，面对我的总是那张笑脸；犯错的时候，留给我的会是一份抚慰的宽容。

妈妈，为拥有您而感到骄傲，您永远是我最宝贵的财富。

您最伟大的创造

Your son: 珺

看完这封信以后，我觉得奶奶这也不是唠叨，这是奶奶表达爱的一种方式啊！

奶奶的伴学感悟

家长们，大家好！

我叫施惠丽，是阚心的奶奶，今年快68岁了。我插过队，当过农民，也做过公务员。在职期间，我当了二十多年机关干部，后来又在金融系统工作了二十年。我的先生阚根锁，退休前是上海一家企业的经理，几乎每年都被评为局先进个人。我们夫妇育有一子叫阚瀛，2007年结婚，次年生下了一个女儿，就是阚心。小两口整天忙于工作，我和先生像大多数家庭一样，担负起了照料孙辈的责任。

从孙女上幼儿园开始，我一直陪伴她学习，帮助她成长。八年来，孙女兴趣广泛，好学勤练，在多方面取得了一些成绩，获得了不少奖励和点赞。班主任陈老师在三年级的学期评语中称她是“小才女”。我为此感到欣慰，觉得多年的付出是值得的。

实际上，我儿子对孩子的教育是很放在心上的。他曾整整用一年的业余时间学习心理学，考出了国家二级心理咨询师资格证书，原因之一就是为了更好地与女儿沟通。

孙女10周岁生日，老师要求家长写封信给孩子，全班只有孙女不仅收到了爸爸妈妈的信，还收到了爸爸妈妈为她准备的一本影集，让女儿兴奋不已。

孙女进入四年级下学期，语文第一、第二次测试都得了全优。按学校规定，这门课两次测试全优，又在基础知识、阅读和写作中有一项全对，期终可免考。结果呢，她阅读因一分之差，与语文免考失之交臂，心里很郁闷。儿子知道情况后对女儿说：“优秀是一个过程，不是一个瞬间的结果。你最近的表现比以前有进步，这个对爸爸而言是最好的消息。爸爸希望看到的女儿是，在挫折面前不气馁，在错误面前敢于面对，在得意时不得瑟，在成绩面前懂得找出自己的不足。今天对爸爸而言，你主动说了得与失，勇于面对，这个就是成功。这个比免考更重要。我们一起努力，都让自己变得比昨天更好。”他还把《将来的你，一定感谢现在努力的自己》这本书送给女儿，可见儿子很会教育孩子。

近年来，先生要我将教育孙女的事多让儿子儿媳去做。我觉得这不仅是体谅我，也是为了让孙女更好地适应即将到来的初中学习生活，是很明智的。

在多年陪伴孙女学习的过程中，我有经验，也有教训。经一些同事和同学的反复鼓动，我不揣浅陋，把自己的一些做法和想法写了下来，给大家分享并请予以指正。

珍惜“教儿婴孩”的机会

在街道图书馆看书（2018 年）

“教儿婴孩”是《颜氏家训》的主张。从多年跟孙女的接触中，我觉得对子女的教育，确实应该在他们幼儿的时候就要开始重视。

孙女上幼儿园，是从小小班开始的，一共上了四年。在小班时她活泼爱动，到处乱涂乱画，我就利用双休日，让她到校外上画画班的课。到了中班，为了在语文和数学方面打些基础，我又带她去中福会少年宫上“看图说话”和“多元智能”的课程。

女孩最好有点艺术上的熏陶和形体方面的训练。后来我看到孙女的精力还有些过剩，和儿子儿媳商量后，准备让孙女增加学习两个项目，就是弹古筝和跳拉丁舞。但我又担心孩子有压力，不利于身心健康，就问孙女：“在校外学较多东西累吗？”她说：“奶奶，我一点也不累啊！是您付钱，我在玩呢！”我看她心态很好，顾虑也就打消了，让她

上海市“自说自画”幼儿故事大赛中荣获优胜奖

先上体验课。她觉得很喜欢，就参加了这两个项目的学习。她学得很认真，大班那年不仅被评为中福会少年宫的好学员，还在上海市“自说自画”幼儿故事大赛中获得了优胜奖。

我当时还有这样一个想法：孙女上幼儿园这段时间，没有什么压力，她喜欢学什么就让她学什么，这样可以把学习才艺的面拓宽一些，给她以后的发展和选择多提供一些可能性。在学习的过程中，我们还可能会发现她的某些天赋和潜质，这对以后培养和发挥她的特长也是有益的。我并没有想让孩子抢在起跑线上，而只是想不要让孩子浪费了这段值得利用的宝贵时光。

回过头来看，当时这样做，路子是走对了。如果那时画画和弹古筝都不学，或者只学弹古筝，不学画画，孙女画画方面的爱好就不会被发现。现在不少亲友和同事说小姑娘多才多艺，我对一个同事说："要是当时不这样学的话，现在也不可能有这样的成绩。因为上了一年级以后，课程压力一步步加大，那些技艺从头学起，她很难有时间学得了，我也不会让她这样去学了。"这个同事听后感慨地说："是啊，过了这个村，就没有这家店。这段时间不利用，就白白浪费了，也可以说是错失了一个良机！"

高尔基说："我读书越多，书籍就使我离世界越接近，生活对我也变得越加光明和有意义。"

我在学生时代，由于种种原因，书读得不多，参加工作后常常感到"书到用时方恨少"。所以，我在儿子小时候就要他多读书。那时我在乡镇机关工作，每周末回市区度假，总会带一些书给他看。他一直清楚地记得这件事，所以到现在还是喜欢看书。孙女上幼儿园后，我也要求她做爱读书的孩子，让她从小养成爱读书的习惯。

识字是读书的第一步。早点多认一些字，就可以早点看懂读物。从孙女进入幼儿园中班后半学期开始，我领她去上了直映法识字班，每星期日上一次，老师每次教 20 个字左右。根据老师要求，我回家后每天用卡片帮她复习三五个字，第二天把昨天认得的字连在一起练，以加深印象，便于记住。

平时走在路上，我注意就地取材，要她读广告牌上的字，读店的名字等，主要是巩固她学过的字。我还帮她买了一套《难不倒早教第一系列·故事》和较多的早教圈圈书，内容有儿歌、成语小故事、民间小故事、绕口令、脑筋急转弯等，让她在阅读中掌握更多的字。这样一年半下来，她认识了两三千个汉字。过去，一直是我讲童话故事给她听，自从上了直映法识字班，我推说奶奶眼睛不好，让她讲故事给我听，不认识的字可问我。她当时蒙在鼓里，想奶奶眼睛一直很好的，怎么突然不好了呢？但是她听了我的话，给我讲了几回故事，产生了满满的自豪感。有了这种感觉，她就越来越喜欢看书了。

这个期间，她每周一次学完拉丁舞，我就顺道带她去图书馆看会书，通常一个小时至一个半小时。我买书时也带她去书店，因离家近，她也喜欢去书店看书，常常看很长时间才肯回家。

她学前读过的书有《小鹿斑比》《365夜故事》《经典童话故事》《神秘岛》《木偶奇遇记》《睡前五分钟甜美小故事》《迪斯尼公主经典故事一套》等。她特别喜欢其中的《小鹿斑比》，不知看了多少遍。

2015年9月，孙女上了小学，我给她写了一封信，其中有这样的话："爸爸、妈妈、爷爷、奶奶是有'有效期'的，而书籍可以成为你永远的朋友……不论何时何地，希望你永远喜欢阅读，因为那是幸福人生不

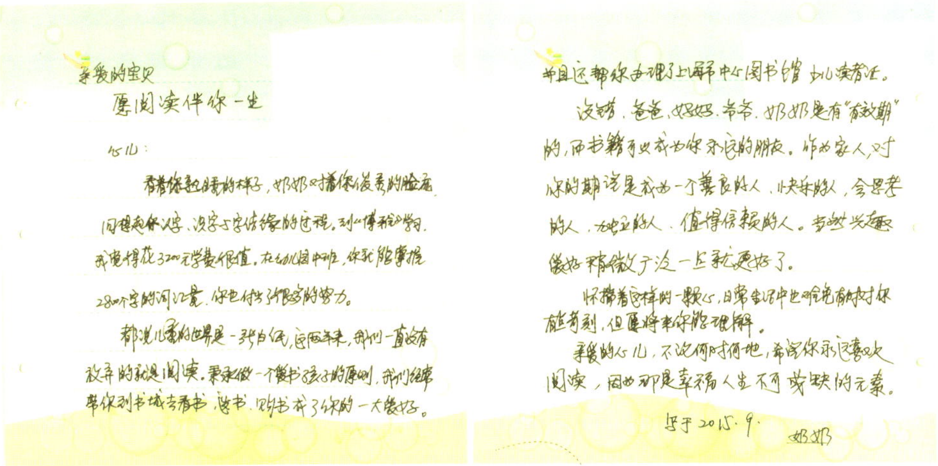

亲爱的宝贝
愿阅读伴你一生

心儿：

看着你熟睡的样子，奶奶对着你俊秀的脸庞回想起你认字、读字与字结缘的过程。到"博雅"学习，我觉得花3200元学费很值。在幼儿园中班，你就能掌握2800个字的词汇量，你也付出了很多的努力。

都说儿童的世界是一张白纸，这两年来，我们一直没有放弃的就是阅读。秉承做一个爱书孩子的原则，我们经常带你到书城去看书、读书，购书成了你的一大爱好。并且还帮你办理了上海市中心图书馆少儿读者证。

没错，爸爸、妈妈、爷爷、奶奶是有"有效期"的，而书籍可以成为你永远的朋友。作为家人，对你的期望是成为一个善良的人、快乐的人，会思考的人，独立的人、值得信赖的人。当然兴趣爱好精致广泛一点就更好了。

怀揣着这样的一颗心，日常生活中也难免有时对你施苛刻，但愿将来你能理解。

亲爱的心儿，不论何时何地，希望你永远喜欢阅读，因为那是幸福人生不可或缺的元素。

写于2015.9.
奶奶

我给刚上小学的孙女写的信

可或缺的元素。”孙女记住了我的话，从一年级开始，她认真阅读学校推荐的书籍，还看了不少自己喜欢的书。

去年，在与孙女分享的日记中，我又写道：“女孩最动人的魅力，不是芳华容颜，而是才华横溢。林徽因的名字为什么时至今日还被大众熟知啊？不是因为她的美貌，而是因为她的才华。奶奶坚信，喜爱阅读的人肯定更有自信、更有智慧、更有魅力。在不知不觉中，你读过的书会改变你的谈吐、气质、眼光，当然也可能显露在你的生活和文字中。”没有想到的是，第二天孙女吃过早饭，看了我写的这篇日记，朗读了好几遍，可见她对这段话的关注和认同。对读书的喜好，孙女一直保持到现在，可以说兴趣有增无减。

孙女从小参加校外兴趣班的学习，平时又看了

孙女课外阅读剪影

在区图书馆看书（2014 年）

在区图书馆看书（2015 年）

放学后在家中看书（2017 年）

在新华书店购书时看书（2019 年）

不少课外书籍，有什么作用吗？今年抗击新冠肺炎疫情期间，有些孩子说自己整天待在家里，不能到外面去玩，非常难受。孙女却做完作业，又是看书，又是画画，又是弹古筝，宅在家中不感到无聊。我对孙女说：“这次你有体会了吧，小朋友多点兴趣爱好很重要啊！”

这是说的半开玩笑的话。我认为，这些学习和阅读，最主要的是让孙女学到了一些技艺，扩大了

新冠肺炎疫情期间在书店看书（2020 年）

知识面，也提高了领悟能力和思维能力。

上海去年高考的作文，是要求考生根据提供的材料，谈谈自己的感悟和思考。这段材料是：倾听了不同国家的音乐，接触了不同风格的异域音调，我由此对音乐的“中国味”有了更深刻的感受，从而更有意识地去寻找“中国味”。考试结束的第二天晚上，教弹古筝的随老师给我发来了参考范文，我只是随意地让孙女看一下，想不到她看了一个多小时。我多次说太难了，你还小看不懂的，她还是要看。这很可能是因为她学弹古筝，了解一些音乐知识，心理上有接近感，容易对这道考题产生兴趣。临睡前，我问她看了有什么想法呀？她说：中国的文化博大精深，一个人没有渊博的知识，写出来的文章是很难达标的。

大前年，一个朋友出了个字谜，说这字与形状有关，要我猜。这个字谜是一首顺口溜：“户内可以久住，草下也能长留。可以有言在先，也能附文在后。加丝无关服饰，添女不为温柔。一人两人都靠，试问此字可有？”我想了好长时间没猜出来，就叫孙女猜。她看过谜面，写出了与形状有关的字，然后逐一与谜面对照，把不相符的字去掉，不多一会儿就猜出了谜底，说是“方”字，还写出了与谜面相对应的八个字：房、芳、访、放、纺、妨、仿、彷。我将谜底和实情告诉了朋友，并说了孙女采用的排除法。朋友听了，直夸小姑娘聪明，悟性好。

去年有一天晚上，我陪孙女上完课，走到家附近的公园门口时，有一位老先生问我：“这小孩几岁呀？”我说 11 周岁。他说这孩子讲话蛮有逻辑性的。原来他步行在我们后面，听到了我们聊天的内容，才产生了这样的感觉。这位老先生的话其实是有一定道理的。

记得四年级上学期，孙女的班级在“道德与法治”课上第一次开展辩论赛，全班自由组合成正反两方，辩论题是：做作业时一边听音乐一边做功课好不好？孙女站在反方。在反方询问谁有这方面的经验时，有个同学说有，孙女说没有。按照反方比赛的策略，没有经验的可抢答。辩论一开始，对方说了正方的观点，孙女作为反方第一个抢答，说：对于做作业时采取这种方式，我没实践过，但我看到过一篇文章，说的是有个同学这样做过，在回答“造纸术是谁发明的”这个问题时，这位同学的答案写的是“周杰伦”。为什么呀？因为他在听周杰伦的歌，结果把“蔡伦”误写为“周杰伦”。这说明做任何事要专心，不能分心。因此，我选择反方的观点是对的。当她一说完，老师就判反方胜。从这件事也可以看出，孙女思维的逻辑性确实不错。

孙女从小学一年级到五年级上学期，没有在外面补过数学课，但数学成绩一直是可以的。我问她这跟你以前学过思维训练课程有关系吗？她说有的，凡是小时候学的东西，到一定时候效果都会显现出来的。

最后我想说一点，儿童是有个性差异的，先天因素和后天条件都不可能完全一样。家庭对孩子的教育也要从实际出发，因材施教。孩子不愿意或不适合早学、多学，就不要勉为其难，否则效果可能会适得其反；相反，如果孩子喜欢或愿意早学、多学一点，家长应该尽可能给予支持，不要错失了“教儿婴孩”的宝贵机会。

附：我给孙女猜过的字谜

孤丁露一手（打） 竹草眼中留（算） 三水不更替（潜） 两夕禾相处（移）

不做则已，
做就要做好

大海

“要么不做，要做就要做好！”这是我的一句口头语，也是我在职时的座右铭。它是指做事要有毅力，不能半途而废，同时还要讲究质量，不能马虎草率。

孙女四五岁学画画和学弹古筝时，我对她也提出了这样的要求。我说，这两项学习都是你自己乐意的，你既然选择了，就一定要坚持到底，力争做好，对自己的选择负责。特别是在学弹古筝之前，我一定要她想清楚，不能凭一时兴趣。我对她说：“你只有5岁，老师还是6岁开始弹的呢！奶奶给你一个月时间考虑，到时报名还来得及。”

我事前经过咨询了解到，儿童从五六岁开始学习弹古筝较合适，否则孩子太小，接受能力和耐心也不够。我告诉孙女，弹古筝是要每天练的，每天练习指法是很枯燥的，当然像老师那样练好了，弹出来的曲子是美妙动听的。你要认真考虑，主意拿定了，奶奶同意给你报名，让老师一对一到家里来教你。

到了约定的期限，孙女还是坚持要报。我就和她约法三章：一是一旦报了，就不允许反悔；二是要坚持每天练古筝，除特殊情况之外；三是平时一定要不怕苦、不怕累。孙女没有犹豫，一口答应了。后来在她遇到困难时，我还激励她："奶奶的人生经历告诉我，做任何事，只要有目标，够努力，有恒心，克服困难，不言放弃，就没有做不好的事。"

对其他方面的学习，我也严格地要求孙女这样做。看到她有松懈或心不在焉，我就及时地提醒甚至批评她。

有一天晚上，她做作业时分心，老是看我给她买的那套故事书。到了十点多，她脱好衣服已睡进被窝了，我突然想起她的《牛津英语阅读》还没打卡，马上把书和手机拿到床上，叫她赶快穿衣，就坐在床头完成打卡。她不大情愿，说明天早上补打。我很严肃地说："不行，今天的任务一定要今天完成。"这时，她一边穿衣，一边眼泪水滚了下来。我抚摸着她的后背说："哭什么呀！这完全是你的责任，不是没时间，是你没完成今天的任务就看课外书造成的。当然，我事先没提醒你，也有不对的地方。"等她打好卡，我表扬了她，还给了她一个拥抱。我问她还觉得委屈吗？她说不委屈了。我说："你长大了，自己的作业要自己记住，不应该让奶奶提醒的。你也不要有压力，你只要每天进步一点点，我就满意了。"她说："我懂得奶奶您也是为我好，我也想做最好的自己呀！"我想，养成"今日事今日毕"的好习惯，就是让她落几点眼泪也是好的，对她今后学习和成长有帮助。

我在与孙女共享的日记中，还经常摘录一些励志名言勉励她。如尼采说的："如果这世界上真有奇迹，那只是努力的另一个名字。"又如海尔集团首席执行官张瑞敏说的："把每一件简单的事情做好，就是不简单；把每一件平凡的事情做好，就是不平凡。"

从后来的实践看，孙女是努力按照我的要求去做的。尤其在画画方面，她七八年坚持下来不说，还注意精益求精。最典型的像画自行车，她不满足于画一张，而是从多个角度仔细观察，坐在桌子上画，趴在床上画，先后共画了五张，直到自己满意为止。

这种认真的态度，也表现在她对一些画的修改方面。比较突出的，像上篇提到过的《冬梅》，这里再举一个《敦煌飞天》的例子。2017 年暑假，我和先生带孙女去甘肃旅游，游览了敦煌等地的名胜古迹。开学不久，她在区美校上课时，选择了临摹

孙女画自行车
五易其稿

《敦煌飞天》初稿

《敦煌飞天》改稿

画《敦煌飞天》，还抄录了网上的一首诗："为楼兰女儿身影的不见，为敦煌飞天琵琶的喑哑。夜楼明月弦，露下百花鲜。情多意不设，啼罢未归眠。敦煌定若远，一信动经年。"[1]

去年暑假期间，我给她整理过去的作品，她看到了这幅画，说它画得不完整。因为那天她只用了

[1] 这首诗的后面六句见南北朝刘孝先的《春宵》。因题诗书写顺序不规范，定稿时把它删去了。

一个课时匆匆忙忙画完的，有些细节没有画好，比如飘带应该是两根的，只画了一根，缺少了飘逸感。另外，那次去莫高窟游览时，她看到了敦煌市的标志——反弹琵琶雕像，和壁画一样姿态婀娜，不画琵琶难以显示出特色。因此，她有一种强烈的愿望，非要补充这些内容，把这幅作品画完整。我怕她画砸了，劝她不要画了，她说不会，不然这画有遗憾。她仔细地将这些元素一一画上，还对眼睛做了修改，最后又加了个肚脐眼。她说正常人都有肚脐眼的，画上去还能增加点时尚感。我发现裙子腰部中间加了一条小小的系带，很不解地问其原因。她笑称是为了保险系数高一点，万一跳舞幅度大，裙子掉下来走光，那多尴尬啊！说完，她学网红得意地扭了

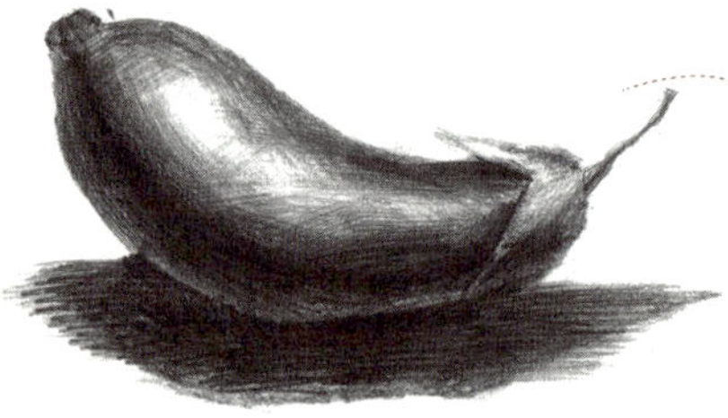

茄子

好儿个屁股。的确，这样一改，《敦煌飞天》的特色比较鲜明了，审美效果也有所提升了。

正因为画得认真，孙女的作品多次在校内橱窗展出。其中一幅名为《未来汽车》，因时过境迁看不到原画，孙女跟我详细地介绍了她的构思，还挺神奇的。

我设定中未来汽车所在的时代，已经没有了汽油，代替的原料是有光合作用的植物。植物在进行光合作用中释放出来的氧气，可以变为汽车所需的燃料，而汽车喷出来的也不再是尾气，而是空气净化剂。也就是说，光合作用形成的氧气，在给汽车动力的同时，也被汽车用空气净化剂净化了，变成了更加新

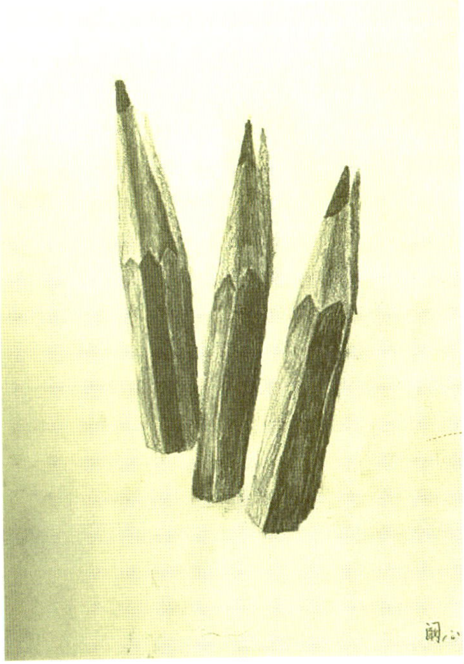

铅笔

鲜的氧气，遍布整个地球。

这辆汽车可以在地上开，也可以在天上飞。这样的话，未来无论车多么多，也不会堵车了。然后呢，这辆车的功能也有很多。我画的这辆车是个糖果制造机，它可以制造出所有的糖果，但是它需要制造糖果的条件，就是空气必须要很新鲜的，也就是说，未来人们很注意环保，所有的一切全部都是在净化空气的同时运作的。这显示出未来汽车的环保和智能的程度。

这辆汽车的外形是椭圆形的，有一个玻璃罩子，罩在椭圆形的上半部分，可以自主装卸。它伸出的时候可以在天上飞，作为一个比较坚硬的挡风玻璃使用。而在地上的时候呢，它只会伸出前半部分的罩子来挡风，后半部分的罩子就不会伸出了，这样减少了空气阻力，即使逆向行驶也会开得很快。

孙女在区美校画的作品，也经常得到老师的表

乡村

区美校颁发的优秀作品证

区美校颁发的优秀作品收藏奖证

扬。尤其像临摹作品《铅笔》《乡村》《茄子》《大海》等。美校多次给她颁发了优秀作品证和优秀作品收藏奖证。

还使我高兴的是，孙女参加的课内外其他活动，多数也表现不错。除了才艺展示部分介绍的以外，还有像跳拉丁舞，她 8 岁就获得了银牌。在去年学校表演的音乐剧《五十六朵花》中，孙女舞姿亮眼，班主任陈老师在学期评语中称她“跳的傣族舞惟妙惟肖，赢得了无数掌声”。

她参加校外英语学习，英语老师破例为她写了评语，赞扬她：“总是默默无语地认真学习，即便遇到挫折也毫不气馁，沉静之中带着几分倔强，淳朴之中透着踏实。”前年和去年，她连续两年参加了中国上海国际艺术节“慧画无限”学生公共美术活动，是所在校区唯一两届都被推荐参加作画的学生。

今年寒假作业中，有道题是要学生简单介绍读过的一本书，孙女选的是美国乔辛·迪·波沙达写的《孩子，假如你吃了棉花糖》。她在答题中写道：“这本书讲的是男孩艾瑞的励志故事，教我们延迟享乐。一切成就的奖励，就如棉花糖一般让人嘴馋，但要

孙女的拉丁舞银牌证书

第 20 届中国上海国际艺术节参与证书

第 21 届中国上海国际艺术节参与证书

止住这种想法，把糖攒下，就会有意想不到的惊喜。文中的棉花糖日记也很吸引人，让我也爱上了写日记。同时它让我学会了延迟享乐。”老师赞扬她：“看这本书让你养成了写日记的习惯，这真不错！”

我看到老师的评语后对孙女说：希望你再接再厉，继续培养恒心和毅力，像你自己所说的那样，努力“做最好的自己”。

用自己的脑子思考

教师节给老师的贺卡：感谢 尊敬 感恩

孙女上小学后，每逢教师节，都会给老师送上自制的贺卡。去年教师节前夕，我想孙女已经五年级了，明年夏天就要小学毕业了，老师一直对她很关心，应该让她把贺卡制作得别致一些，给老师一个更好的留念！于是，我找了一首诗，写了几段话，供她选择：

逢秋尊师节，开心敬老师。字少谢意多，感恩平常时。

敬爱的老师：您把柔情给了我，您把母亲般的一腔爱给了我。您的谆谆教诲，化作我脑中的智慧。我感谢您——亲爱的老师，祝节日快乐！

……

但后来想了一下，我又有些犹豫。为什么呢？细心的读者看了前面《珍惜“教儿婴孩”的机会》，可能已经注意到，我在给孙女的一封信中提到家人的期望时，要她成为一个“善良的人、快乐的人、会思考的人、独立的人和值得信赖的人”。我现在给她提供现成的祝语，这与要她会“思考”和“独立”不是自相矛盾了吗？！不过，考虑到她功课多，负担较重，怕她休息不好，所以我还是做了变通，没有改变主意。

出乎意料的是，孙女不赞成我的做法。她看后说：“奶奶，您写得虽有文采，但不适合我，老师一看就知道不是我写出来的，再说这也不能完全表达我的想法啊！”听到她这样说，我心里暗自高兴，看来她把我们家人的期望记在脑海中了。

她放弃了休息时间，绘制了多张贺卡，分送给语文、数学、外语等老师。她在给语文老师贺卡的封面上写着：周老师：教师节快乐！感谢您四年以来的关心与教导。在贺卡里面还制作了一朵能打开的纸花，并且写道：感谢，尊敬，感恩。这是我们一起度过的第五个教师节了，是您教会了我感恩，您教会了我成长。一眨眼，我们都五年级了，我在江五度过了四年快乐的学习时光。我一定努力学习，不辜负您的期望。教师节快乐！

我看了贺卡很喜欢，鼓励孙女说："心儿，你能坚持按照自己的想法写，这很好！我很希望你做个有主见、有独立思考能力、有担当、有责任心的人。"

有意思的是，我儿子当天通过微信也给老师们发了祝语："五个春秋，教室门口的守候；三十多个孩子，千变万化的表现；从叽叽喳喳到喜怒哀乐，您心底里的关爱和善意一直未变。感谢您，孩子们的启蒙老师！感谢您，对孩子们的关爱不亚于我们！感谢您和我们一起记录了孩子们最美好的童年！"儿子的表达也是情真意切，与众不同。这说明他作为家人，期望女儿做到的，他带头做到了。

我先生喜欢旅游和摄影，前年冬天旅游经过安徽泾县，拍到了一对白鹅相亲的照片。一位老同事看了说，抓拍得很不错，难得看到这样的照片，还题了一首打油诗："两亲存一心，一照留千情。对吻真心满，独拍爱意深。"我也很喜欢这张照片，要孙女照样子把它画下来。

孙女花了不到一个小时，就画好了两只鹅。我问她后面打算怎么画？她说如果按照爷爷拍的照片画，画面显得太单调，只有水泥地路和路旁的树和小草；再说色彩也不鲜艳，缺乏层次感。于是，她把水泥地改成石子路，在草地旁围上一圈篱笆，说这样有生活气息一些。另外，她喜欢白云飘飘的感觉，在画面左上方画几棵大树，然后又画了蓝天和白云。说实话，我原先看了两只鹅，觉得画得还不错，但整幅作品出来后，我感觉是不太满意的，"双鹅相亲"这一亮点明显不如照片突出。不过，想到这是孩子开动脑筋、自主思考，又觉得难能可贵，应该珍惜孩子创新的火花，不要打击她的积极性，所以我还是鼓励了她。

孙女听过画家彭鸣亮的讲座，她很赞同彭老师说的话：“艺术不是模仿，简单模仿出来的只是工艺品，艺术应该保持自由度和创新。”她对我说：“画画一定要有自己的想法，要有个性、有特色，有自己的创意。”她画鹅的过程，实际上是在实践这个理念。此时此刻，我想给予理解和支持是很重要的。

平时，我会给孙女提出一些问题，让她为找到答案去积极地思考。有一次，她看到一篇《升米恩，斗米仇》的文章，说其中的例子和近来网上的一则传闻很像：有个演员资助了贫困山区一个孩子，开始对方很感激，后来觉得人家有求必应，就经常要这要那，弄得这个演员决定不资助了，孩子就在网上说演员的坏话。我问孙女：“你通过阅读这篇文章有什么体会吗？”她说有的，就是帮助人家要适可而止，否则人家以为你帮助他是理所当然的，不

鹅吻新景观

双鹅相亲图

但不领你的情，还会产生依赖思想。就像那富人第一次已经帮助穷人解决了难题，第二次就不应该再送稻米做种子，只需帮他们出主意，让他们自己解决问题就行了。这是她自己思考得出的结论，也正是我所需要的结果，但我觉得这比我直接向她耳提面命要好多了。

养成了独立思考的习惯，孙女常常会说出一些独特的感悟。比如有一天，孙女跟我说，一个人没有梦想，就等于一块石头。我问她这是从什么地方看来的？她说是自己想出来的，一个人没有思想，没有想法，不就是和石头一样吗？她在学校有个很要好的女同学，两人常在一起画画、看书或玩耍。我问她："你有这个好朋友起什么作用吗？"我以为她会说可以互相倾诉、互相呵护、互相帮助之类的，她却说可以有竞争，有竞争才有前进的动力嘛！因为她有个人的见解，班主任陈老师曾在学期评语中称她在课堂上"常出人意料说出惊人妙语"。

她四年级写的作文《我走进了动物王国》，虽然结尾显得有些突然，没有写她当评委的情景，但可以反映出她有较丰富的想象力，也显示了她思考的一些独特性。

这篇作文是这样写的：

一天夜晚，繁星点点，催人入梦。我躺在床上，丝毫没有睡意。忽然，我背后一阵凉，再看看周围，茂密的森林，仙境似的山峰，清澈的河流。更神的是，我居然听得懂动物的语言。低头一看，我竟成了一只梅花鹿。

我在森林里自由地奔跑。在这个没有学校、没有老师、没有作业的自由之地狂奔。可是我竟跑进了一个巨大的山洞里，我辨认着门口木牌上的字——服装大赛。真棒呀！我一到这片森林就赶上了服装大赛。

两只白孔雀将我带了进去，并把美丽的鲜花绕在我的角上，把我介绍给了狮王。狮王十分兴奋地宣布，鹿小姐就是大赛的评委！我怀着迫切的心情坐在了狮王旁边。

动物的设计令人眼花，黑马带来的是黑礼服，黑礼服使它金色的眼睛格外耀眼；小兔的礼帽像绽放的百合；小羊还没走近，四周传来的音乐声，是闹钟声。

我明白这是一场梦，就每天早早上床，盼望能再看到那可爱的大森林。

根据我的体会，要孩子用自己的脑子思考，长辈和晚辈之间平等相处很重要。正如一些有识之士所说，在压抑的环境中成长的孩子，不容易有自己的看法，思想会受到父母的左右，只会盲目听从父母的意见。我儿子和儿媳在这方面比较注意。儿子虽然对女儿的要求严格，看到她做错的地方不会护短，但对孩子的态度是和蔼可亲的。他平时也会陪女儿出去逛公园、上街购物，偶尔还会带她出去钓鱼、做手工，让孩子放松心情，增添情趣，活跃思维。

在和孙女的相处中，我大多数时间没把她当作一个孩子。只要她在家，我俩每天至少有10分钟的谈心时间，几乎没有间断过。从幼儿园开始，我就和她说，奶奶会尊重你的想法，尊重你的选择，

全家乐游迪士尼

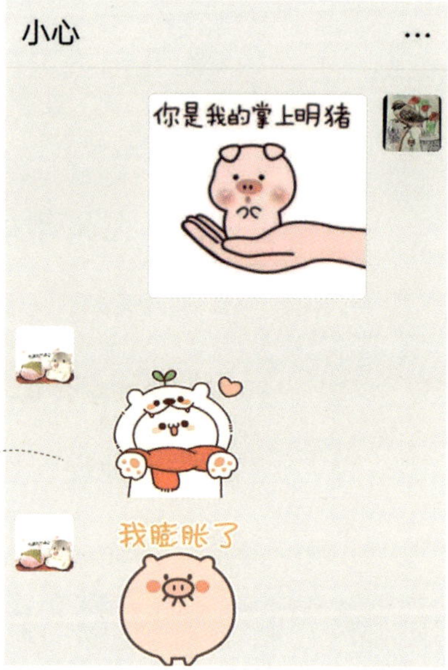

掌上明猪
我膨胀了

不会把我的想法和主意强加给你。我唯一要你做到的是，校内外不管发生什么较重要的事，尤其是和同学或老师发生了矛盾，回家一定要及时告诉我，我们共同商量解决。我们要像朋友一样相处。严肃的时候要严肃，活泼的时候也要活泼。我平常也会跟孙女开开玩笑，调节一下气氛。比如有一次说她是“掌上明猪”，她一点不会生气，反而用“我膨胀了”来幽默地回答我。她多次对我说：“奶奶是老小孩，我是小小孩，我们俩也是闺密。”

既能动口，又能动手

孙女做早餐番茄蛋饼

孙女现在每天的早餐，几乎都是她自己做的，而且常常翻花头，换口味。我看她做番茄蛋饼的样子，还是有模有样的。

我初中毕业后，从城市投亲插队去乡下爷爷奶奶家。在繁重的农业劳动之余，奶奶不仅要我自理生活，会烧饭做菜，会缝补浆洗，还要学会纺纱织布，学会手工绣花，说否则以后嫁不出去的。我当时觉得奶奶管得太严，尤其是要学那个纺纱织布，我有些接受不了，常常等她出去了就偷偷看书。但是成家立业后，我感到奶奶当时这样要求是完全对的，倒不是嫁得出去嫁不出去的问题，最主要的是培养和增强了我的动手能力。这种能力，不管在家里也好，还是在工作单位也好，都是很受用的。

因为有了这样的体会，从孙女上幼儿园开始，我就注意培养她的劳动意识和动手能力。为了激发她的兴趣和积极性，我曾尝试“有偿做小家务”的办法。比如擦双鞋 2 元，整理鞋柜 5 元，作为给她的零花钱。后来，我发现自己低估了孙女的觉悟（一笑），我不给她钱，她也很乐意帮助家里做一些力所能及的活儿。

孙女进了小学以后，我教她一起做巧克力牛奶和香蕉牛奶等，鼓励她用小刀切香蕉，叫她不要害怕，一定要小心就可以了。她说同学们都羡慕我，有这样放得开的奶奶，因为有的同学连进厨房晃荡也不行，家长怕出事会反对的。

养成了动手的习惯，有些小活儿我没教过她，她也会自己想办法学着做。在三年级写的《我真了不起》的作文中，她就回忆了这样一件事情：

说起了不起，印象最深的还是我第一次削苹果。

有一天，奶奶和爷爷去散步，爸爸妈妈上班了，我一个人在家里看电视，突然想吃苹果。

可是大人们都不在家，我该怎么办呢？我想，我就试试自己削苹果吧。我从冰箱中取出苹果，又拿出水果刀开始削了。

从来没有削过苹果的我有些害怕，生怕自己会被刀划到。开始动刀削了，我的手有些发抖，小刀在苹果上缓慢地削着，渐渐地，我掌握了技巧，便开始加快了速度。可是一不小心，苹果就被削掉了一大块。我只好又慢了下来。刚削到一半，我就累坏了，心想：奶奶每天给我削苹果时原来这么累，那看似简单的动作，原来都有着奶奶的辛苦呀！

歇了一会儿，我便继续削苹果。这回，我削得又慢又稳。我已经完全掌握了技巧，与刚才削得截然不同了。刚才削得坑坑洼洼，果皮上都是苹果肉，现在平平整整，果皮也很薄，而且还没有断裂呢！我将削完的苹果切成一块一块的，装进盘子里，吃起了这来之不易的苹果。不知道为什么，自己削的苹果吃起来总是最甜最香的。

爸爸妈妈回来了，我和他们一起分享着这份劳动果实。爸爸妈妈还一个劲地夸我真了不起呢！

孙女很好学，见一样学一样。比如包饺子、剪纸、折花、自制贺卡和皮夹、做手链等等。她还引以为荣，在寒假自办的小报——小小“自媒体”中作了“报道”。

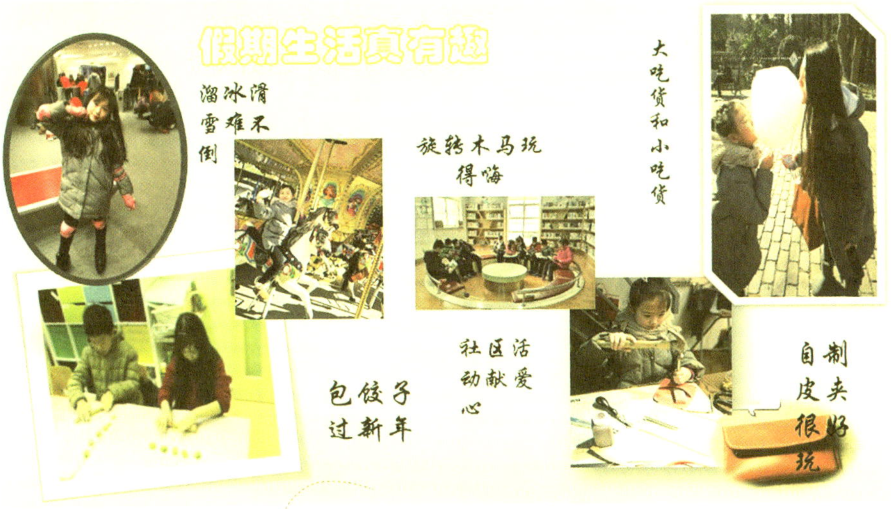

小小“自媒体”

和堂弟一起拌料

巧手做成棒棒糖

前年，孙女在婶婶带领下，还和堂弟一起学会了做巧克力棒棒糖，并在作文《制作糖霸巧克力棒棒糖》中介绍了它的制作方法。

孙女现在的动手能力，在班上可称数一数二。在学校艺术节活动中，她自制了一顶漂亮的帽子，特别是帽子边沿设计的流苏和帽沿用的蕾丝，很吸引大家的眼球，都称她制作得真好看。班主任还情不自禁地戴上这顶帽子，在活动现场走秀一圈。在保护鸡蛋的校园活动中，她负责包的熟鸡蛋保护得极好，担任裁判的老师拿它往地上砸都没碎，几个男生在操场上将它踢来踢去也没碎，赢得了师生的赞扬。

动手能力的培养，给孙女的学习和生活带来了不少方便，有时还能帮她应急处理意外的事情。大前年一天早晨，她进盥洗室刷牙时不小心一脚踩空，头冲到墙壁上，流了好多血。因手指卡在门缝里，她怕喊了我，我开门进去可能会把她的手指卡断，所以她不吭一声，独自在卫生间清理伤口和包扎。她那套自我急救方法，就是我以前带她去居委会举办的暑期班学的。我有家庭急救包，就放在孙女的

自我急救包扎

卧室。因为她处理得及时，我送她到医院治疗后不久，她的伤口就痊愈了。

前年2月放寒假前夕，孙女班级搞演出活动，音乐老师及同学选她为主角，演出前天放学时，老师说主角要穿全白的公主裙。但我们家中全是深色的长裙，我只好通过微信向人家求助。当天借到裙子已是晚饭后，由于裙太长，又是借人家的，不能剪短，我把裙子的里外三层重新缝起来，一直到深夜12点多才搞好。第二天孙女起床知道后说："奶奶您辛苦了，今天您睡个午觉。"我说："奶奶不辛苦，但今后你也要不断提高动手能力，否则像这条这么漂亮的裙子，时间这么紧，就是找别人帮忙改也来不及的，求人不如求己。"她点点头说知道了。后来，她真开始注意学做针线活，用家中的零碎布料及花边，帮玩具公主裁剪和学做公主服装，还非要我教她织毛线。

学织毛线

我对孙女说：眼高手低是不行的，光说不做等于零。你要吃得起读书的苦，也要吃得起劳动的苦。这样，以后长辈不在你身边，你才会有能力、有勇气独自面对一切，才会容易被别人、被社会所认可和接纳。

善良才是最美的

在慈善市集现场与孙女义拍作品

女孩子都爱花，也爱美，但我告诉孙女：善良才是世界上最美的花朵。

《三字经》说："人之初，性本善。"我想，人最初如果是善良的话，这种善良能不能保持下去，与孩子早期的家教关系很大。孙女曾经跟我说过一句话，我印象很深。她说，小孩是一张白纸，你拿什么颜色的笔在纸上画，得到的就是什么颜色，家里大人的表率作用是很重要的。我没有问过她为什么这样说，也不知道这是她的亲身感受，还是从老师或书本那里学来的，但我觉得她说得没有错。

从孙女上幼儿园起，我就跟她说做人首先要善良。那时候她还小，对善良的含义不太懂，不过我觉得不管她懂不懂、懂多少，应该让她从小在脑海里有这样的意识。孙女读一年级的时候，我先生退休了。在一次闲聊时，先生对我说，他现在光记住别人的好，忘记人家过去对他的不好。事后我对孙女说，你要学习爷爷的品德，对别人要宽容，不计较，做个善良的人。

到了二年级上学期，老师布置了一份作业，要求学生写一份采访家人的报告。孙女把我作为采访对象，问了我一些情况，后来在作业中写道：“我要像奶奶一样待人真诚，乐意帮助别人，不要和别人斤斤计较，愿意付出，不怕吃亏。我还要学奶奶有智慧，宽容大度，心地善良。”①这段叙述不到50字，却充满了善良的气息。她把我以前和当时对她说的一些话听进去了，也记住了，这使我感到很高兴。

前年我跟先生出去旅游，同行的一个女士水土不服，肠胃不好拉肚子，动不动就想上厕所，便用卫生纸垫在短裤内，以防意外。我知道后心想，这怎么行呢？万一纸从裤管掉下来多难堪啊！于是马上在马路旁找商店，购了两包夜用加长的卫生巾给

① 作业中的有些字，一二年级的课本中还没学过，老师允许学生用拼音代替，文中摘录时做了更改。

活动三：听一听，听长辈讲人生某一阶段的一个故事。（讲故事时温馨的一刻用照片的形式记录下来。）

我想说：

我要像奶奶一样待人真诚，乐意帮助别人，不要和别人斤斤计jiào，yuàn意付出，不怕吃亏。我还要学奶奶有智huì，kuān容大度，心地shàn良。

她，还让她在乘车前到厕所换好。这个女士十分感激，说连她自己和丈夫都没想到。我后来跟孙女说了这件事，倒不是想在孩子面前夸耀自己，而是想告诉她，为人处世方面要学会换位思考，不能光考虑自己，也要想到别人，为别人着想。

孙女喜欢吃炒土豆丝，一天上午，我送她上学后，去菜场买了一个大土豆。傍晚准备做菜时，我切开土豆一看，发现里面都是一丝丝黑的东西，显然不能吃。当时孙女在我旁边，我问她该怎么办，是直接将土豆扔掉，还是和卖家说明情况，提醒他们下次不能进这类货呢？孙女说应该和卖家说，否则还会害其他人的。我表扬她“回答正确”。第二天临近中午，我到菜场结账处，等没有人在旁边的时候，把土豆拿出来，心平气和地向营业员说明了情况，并说不是非要你们退钱，而是要让你们引以为戒，进货的时候要注意质量。营业员一听，马上把土豆扔进了垃圾桶，还把钱退给了我。我当天把这个情况告诉了孙女，她说奶奶您做得真好，别的买菜人处理，可能会等人多时，大声地跟营业员说的。我问她为什么？孙女说这样做的话，注意的人多，卖家怕影响生意，就容易解决问题呗！我说想不到你人小鬼大，还有这样的小心思呀！我告诉她，奶奶当时想卖家不是流动摊贩，肯定不是存心欺骗我，要是把事情闹大了，肯定会引起买菜人对他们出售的蔬菜质量不放心，弄得大家都很不高兴，你说这样做有什么好处吗？孙女听懂了我的意思，亲热地给了我一个拥抱。

今年 3 月的一天，我去买菜时顺便买了 1 斤车厘子。当时还是防控新冠肺炎期间，为避免现金感染病毒，我用微信付了款。当天晚上，我习惯性地看一下微信支付凭证，突然发觉购买车厘子时，明明输了付款密码，付款却没有成功，这倒是第一次碰到。我马上跟先生和孙女说明天要去补交。我还对孙女说，人家做生意也是不容易的，我们不能占人家便宜，买了人家东西就该付费，这是做人的本分。孙女点了点头，领会了奶奶的意思。为了加深孙女的印象，第二天午后，我带她一起去水果摊还钱，摊主连声表示感谢。旁边的一个顾客说："你这阿姨真好，现在像你这样的人可能是不多的。水果拿到家了，还来补付钱。"孙女看到也听到了，我相信她以后遇到这种事，也会这样处理的。

在力所能及的范围内，捐资帮助困难的人，是我和先生共同的想法。儿子读书时和工作后多次参加捐款，我们知道后都说他做得好，给予支持和鼓励。孙女读一年级的时候，我们所在的街道组织支援贫困山区的活动，我带她一起去居委会捐款，她也自愿捐出了一部分压岁钱。

近年来我在想，孙女画了不少画，有些画还是有特点的，要是让她通过义拍来帮助有困难的人，应该是一件很有意义的事情。因此，我一直关心着这方面的信息。

去年12月中旬，我看到上海有家慈善基金会即将在沪举办慈善市集，帮助身患重病的孩子圆梦。这项活动专门设有画作义拍的项目。我想这是一个机会，通过几番周折，联系上了有关工作人员。不巧的是，征集画作的时间已过，对方欢迎我下次参加。当知道这项活动要一年以后再举办时，我恳求对方能否破例，并将孙女的画作《灵魂乐手》发了过去。对方看了作品，一下子被吸引住了，觉得作品很切合这次活动的主题，便马上改了口，要我在第三天活动开始当天，直接把画带过去参加义拍。我先生获知消息后极力支持，孙女听了也很高兴。于是，我赶紧上网搜索装裱配框店，可是找了好几家，都说时间太紧，来不及制作。后来有家店愿意承接，但需收加急费。我说只要能够保证质量，按时交货，费用没问题。店员看了画的神态，直夸画得好，听说是三年级小学生画的，还说这孩子真有才气。后来，画家徐茂平先生看了画，也说这个年级的孩子能临摹到这个程度已经很不错了。

再说慈善市集开幕当天，我带着孙女拿着画参加了义拍。参加义拍的有儿童作品，也有成人作品，一共七幅画，孙女的画拍得了最高价，赢得了不少掌声和喝彩声。主办方在颁发的感谢证书中写道："你将激励和帮助我们为更多中国罹患重病的儿童和青少年创造改变人生的愿望旅程，让他们真正有机会忘记病痛、感受希望、力量和欢乐。”工作人员还为我和孙女留下了很有纪念意义的合影。

扪心自问，我们在生活和工作中都希望得到别人的善待和帮助。古人说：己所不欲，勿施于人。换个角度，这句话似乎也可以理解为：己之所欲，当施于人。

我儿子教育女儿要做一个有温度的人。孙女说她不太懂得这句话的意思。我查了一下有关资料，在与孙女分享的日记中，借鉴别人的话语告诉她：“做人要有温度，就是做人做事要让人感到温暖，感到容易相处。”

我想，一个有温度的人，应该是一个善良、热心的人，反过来也一样。当然，社会是复杂的，所以我对孙女说：善良也要有底线和原则，你应该明辨是非，尤其对于恩将仇报的人，决不能姑息和迁就！

诚实比获奖更重要

玉米

看过才艺展示部分的读者，可能对《麻雀的臆想》这幅画有些印象。这是我孙女参加所在小学网络展评的作品。在展评过程中，孙女告诉我，少数家长为了使自己孩子的作品获奖，有出钱买票行为。我听了之后很反感，觉得这样有失公平，也使艺术活动蒙上了阴影。经与孩子的爸妈商量，我们一致认为宁可不获奖，也不搞弄虚作假这一套。

事实证明，这样做对培养孩子诚实的品德是有利的，也会起到潜移默化的作用。

前面说过，第二届国际少儿创新艺术邀请展征稿开始后，我孙女说教美术的吴老师建议她参加。我想，这是吴老师对我孙女的肯定和信任，而且参加这样的活动，有利于孩子开阔视野，所以就马上答应了。孙女的画很多，我吃不准用哪幅好，给吴老师提供了三幅画，除了《麻雀的臆想》，还有《玉米》和《冬梅》，请他帮助挑选。

吴老师首先看中的是《冬梅》（理由参见上篇《把引来的春天留在人间》中他所说的话）。不过，孙女对这幅画有一种莫名的喜欢，因为征集通知中说明不退稿，她舍不得割爱，执意不肯投送。余下的两幅如何选择，吴老师要我们自己确定。我年轻时投亲插队在农村劳动和工作过多年，对玉米的样子很熟悉，而孙女画的玉米饱满又逼真，跟我当年看到的玉米很相像，就建议孙女选用《玉米》这幅临摹画。

我以为孙女会赞成我的想法，没想到她却摇了摇头。我问为什么，她说这幅画完稿前，妈妈在玉米须等地方做过修改。言下之意，这不是她独立完成的，不能投送。我开始不知底细，经孙女这样一说，觉得很有道理，就欣然同意了。

可能在有些家长看来，我这样做，未免太顶真了：画主要是孩子作的，大人做些修改又有什么关系呢？的确，我以前也听说过，有些家长为了孩子获奖，亲自出面代写作文，或者请朋友代劳。与这种冒名顶替比起来，我儿媳对女儿画画的小修小改，也许根本算不了什么。

但是我想，自古以来，人以诚为本。家长只有防微杜渐，从小给孩子打好诚实的根基，才可能使他们一生健康地成长。不然的话，会助长孩子弄虚作假的恶习，给后代的成长种下祸因，所谓“千里之堤，溃于蚁穴”。以前看到媒体报道有些大学生考试作弊、论文抄袭等行为，我心里常常想，产生这些劣迹的原因可能是复杂的，但与他们从小缺少这方面的家教，恐怕也有一定的关系。因此，我对孙女的做法不仅没有反对，相反给予鼓励和支持。

这样考虑下来，最后可选的只有《麻雀的臆想》了。我是画画的外行，不懂其中的“门道”。虽说有朋友认为这幅画画得不错，内容丰富，画面和谐，色彩鲜明，我却只是看着画面觉得蛮“热闹”，才把它选了进来。因为孙女还画过一幅类似作品，在家里保存着，她同意把这幅画投送出去。

令人高兴的是，国际评委没有嫌弃这幅稚嫩的画，让它在邀请展上露脸了。这兴许是对我们婆孙两个老实人的褒奖吧！为了留个纪念，我后来特地把这幅画换作自己微信的标志。

去年 11 月中旬，全国语文学习科学专业委员会等单位主办“七彩读写”现场系列活动，孙女参加了写作和演讲两项比赛。写作是命题作文，三个题目选一个；演讲不限内容，也没有规定要演讲者自己写。孙女的作文题目是《这件事让我感动》，演讲题目是《我们被隔离了》（见上篇）。比赛结果，两项都得了二等奖，这应该是可喜可贺的。

出乎我意料的是，孙女对写作获奖却很不以为然。她说：奶奶，这篇作文我不久前写过，我好像当时上课回来给您看过的。本学期开学后，在校外上辅导课时，老师出过这样的作文题目，还给了具体的素材和一些句子，教我们怎样写作，从开头到结尾，一一加以指点，同学们几乎都是照老师的思路写的。您说这能算是我的真本事吗？

孙女说的这篇作文，我以前的确看过，它是这样写的：

一个炎炎夏日的午后，我去奶奶那儿做客。天气十分闷热，天又下着大雨，公交车上又湿又闷，车窗紧闭，大家忍受着一股股汗味。

公交车到站了，一个拾荒者上了车。他的头发因为污垢，已经分不出是白色还是灰色。雨水从他的袋子上落下。经历过风吹雨打的脸已爬满皱纹，他那粗糙的大手上沾满油污，脏乎乎的身上散发出阵阵恶臭。人们似乎忍受不了这臭味一般，有的捂着鼻子，有的扇着空气，更多的人露出一脸厌恶的表情……

老人笑了笑，缓步向前走去。公交车忽然一个转弯，老人一下重心不稳，差点倒在一个人身上。人们开始议论他为什么不坐下。后排的人开始担心老人会不会倒在自己身上。老人听到了，用沙哑的声音说：我不能坐下，我坐过的地方没法让后来的人坐。说着，他走到了后门，在后门前的空地上坐下了。此时，我看到人们脸上的厌弃减少了。过了一会儿，他坐着的地方留下了一摊污水，人们小心地绕开他下车。又两站过去了，老人似乎要下车，他缓缓地爬起来，从包里掏着什么。人们的目光就像生怕他会掏出垃圾一样盯着他看。接着，他掏出一件不算干净却被折得整齐得出奇的衣服。他艰难地弯下腰，擦拭起了地上的污水。这时，我觉得这儿是世界上最干净的地方。老人下车了，车离开了车站，老人越行越远，最后身影模糊，但人们凝望着老人的背影却久久不曾收回……

我也一直注视着、注视着，眼眶湿润了，眼里亮晶晶的。

我当时看了，觉得这篇作文生动又感人，比她过去的写作有长进。现在听了孙女的介绍，才知道这原来是老师辅导的结果。当然，孙女如实地向我说明情况，能够自知之明，冷静地看待获奖，这更使我感到高兴。根据这样的情况，我们没有把这张荣誉证书列入才艺展示部分，因为它的成色或含金量并不高。

这次演讲的稿子，孙女是自己写的。她觉得自己写，内容记得住，讲起来流利一些，也容易有激情。那天演讲完，评委老师逐个问参赛者：稿子是你自己写的吗？孙女回答是的。我表扬她做事诚实，并且强调说话办事实事求是最重要。

我以前听有的家长说，在演讲比赛中，有的选手害怕扣分，稿子明明是请人代写的，却说是自己写的。因此，我曾对孙女说过：说谎是很不好的表现，这么小年纪，有这种想法和做法很危险。与获奖比起来，诚实更加重要。

七彩 读写

荣誉证书

certificate of competition

This certificate is presented to

阚心

写作二等奖

阚心 同学在2019年“七彩读写”现场系列活动中表现出色，以优异的成绩赢得荣誉。特颁此证，以资鼓励。

特发此证

上海东唐文化传播有限公司

2019 年“七彩读写”写作获奖证书

孝敬父母是感恩的基础

孙女为爷爷打伞

有位年近七十的小学退休教师，一次和我聊天说起，她的儿子和儿媳都是研究生毕业，现在又都是公务员。近些年，老两口从外地来沪帮助小两口带孩子，其间发生了两件事，我听了有些惊讶。一件是，媳妇自己用的化妆品都是买进口的，而帮婆婆买的只有十多元一瓶。另一件是，儿子为了养身，近来开始每天吃海参烧粥，每次烧两天吃的量，但想不到给父母吃一口。老两口还每月拿出退休金贴补小两口家用。这两件事看起来都是小事，却不免使这位母亲感到有些寒心。

莎士比亚说："不知感恩的孩子，比毒蛇的利齿更能噬痛人心。"梁启超说："养出感恩的孩子，是一个家庭最大的福气。"我觉得这些话都说得不无道理。

现在的孩子，学习知识的条件比过去好多了，智商大都并不差。但因为他们大多是独生子女，一般从小受到家庭的宠爱，久而久之，有些孩子或许会觉得家长照顾自己是应该的，而没想到长大后应该报答大人的养育之恩。俗话说：三岁定八十。这话可能说得有点绝对，不过从小让孩子懂得感恩确实也很重要。现在学校对这方面的教育是重视的，但除此以外，还需要家庭的积极配合。孩子几乎每天和家长生活在一起，大人的一言一行，对孩子会产生潜移默化的影响，从一定意义上说，这种作用是学校很难甚至无法代替的。正如一位有识之士所说：孩子就像一张白纸，家长言传身教的这支“笔”，会在不知不觉中涂抹孩子的未来。

我先生老家所属的合肥阚氏，早在清代康乾年间就酝酿、编撰家谱，2003 年第五次重修，先生积极参与了捐资相助。新版家谱中的家训部分，涉及合家和睦、勤俭持家、励志合群、自尊自强、敬业

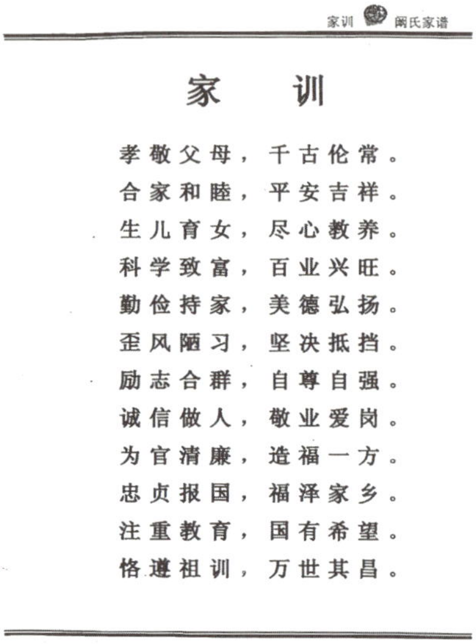
家训 阚氏家谱

家　训

孝敬父母，千古伦常。
合家和睦，平安吉祥。
生儿育女，尽心教养。
科学致富，百业兴旺。
勤俭持家，美德弘扬。
歪风陋习，坚决抵挡。
励志合群，自尊自强。
诚信做人，敬业爱岗。
为官清廉，造福一方。
忠贞报国，福泽家乡。
注重教育，国有希望。
恪遵祖训，万世其昌。

家谱家训

爱岗、为官清廉、忠贞报国等众多方面，但第一条却是“孝敬父母”。

不知道别人的看法怎样，我是十分赞成这样安排的。我认为，感恩不能局限于孝敬父母，还应该包括感恩社会、感恩祖国、感恩所有为自己付出过的人，但孝敬父母却是孩子懂得感恩的基础。一个连孝敬父母都做不到的人，很难指望其在别的方面能够知恩图报、有所作为，很难指望其能够得到社会的认可。因此，这样的家训很需要我和先生向我们的后代包括孙女认真传授，也很需要他们晚辈好好继承。

在孝敬父母方面，我和先生很有共识。我俩都是家中的老大，他有五个弟妹，我有两个弟弟。我们都要求自己以身作则，把父母的衣食住行、安危冷暖始终放在心上，给弟妹和后代做个好的样子。

20世纪80年代末，先生担心母亲舍不得花钱看病，我俩商量后，给她5000元作为医疗基金，由我到银行以婆婆的名义存入，把存款给二老作为他们看门诊的费用。90年代后期，我们又担心老人过于节省，便把他们的水、电、煤的费用在我家账户上扣除，一直延续至今。

我早年去上海市郊崇明岛投亲插队，结婚后在当地乡镇机关工作了七八年，每星期当我回市区家中的时候，先生总是把父母和弟妹请到一起，由他亲自买菜做饭，供大家分享。他退休以后，经常去另一小区看望年迈的父母；父亲去世后，他除了出去旅游，几乎每天上午去陪伴母亲。前年婆婆家装修，我和先生主动把老人接到我家住。前后一个多月，婆婆每天洗澡，我怕她年纪大了摔跤，一步都不敢离开淋浴房。她自己洗前身和腿脚，后背由我帮着洗，然后帮她擦干、穿衣和吹干头发。看到她指甲长了，还帮她修剪并磨光滑。先生对母亲说："她对你可是像亲生女儿一样好的。"

对我的父母，先生和我同样给了不少关心。二老住在外地，平时由我弟弟和弟媳照顾。在 90 年代末，为了让二老住得舒适，先生主动提出并花钱给老人买了二室一厅的新房，同时将老房子出租，提高他们晚年生活的质量。爸爸前些年去世后，先生逢年过节都和我一起去看望妈妈。为了让妈妈感受到女儿的亲情，近些年，我几乎每天晚上通过视

22 年前父母到我家时的合影

九十高龄的妈妈回家前留影

频与妈妈聊会儿天。前年秋季，我们接年事已高的妈妈来我家玩，留她住了四个多月。我们每天给她单独做早餐，还几乎天天换花样、调口味：小馄饨、小笼包、藕粉麦片加蛋糊、芝麻汤圆水煮蛋……轮着来。先生除了给老人买喜欢的荤素菜，挑选她喜欢的松子等零食，还耐心地陪她剥小核桃吃，晚饭陪她喝点红酒。妈妈回家前夕，心情有点激动地对我和先生说："这里吃好睡好样样好，娘很满足了。"看到九十高龄的妈妈临走前的心情，好像比刚来时更好一些，我感到很高兴。

我们的言传尤其是身教，儿子和媳妇都耳濡目染。他们没有辜负我们的期望，不仅关心我们，经常问寒问暖，送吃送穿，还关心爷爷奶奶，每年春节给他们各送一个红包，把他们当成老小孩，让他们开开心心过新年。爷爷去世后，儿子常带女儿买了水果到奶奶家，陪奶奶聊聊天，在同辈中起了带头作用，对女儿也做了良好的示范。

受我们两代人的熏陶，孙女也很孝敬长辈。她上幼儿园的时候，常常跟着爷爷和我，学着我们的样，不时替我们推轮椅，陪伴老太太去公园呼吸新鲜空气。孙女每次去看老太太，都会主动上前拥抱，让老太太多次激动得流下了眼泪，说阙心最孝顺了，人家小人要嫌老人的，而她和我热络得很呢！

孙女对我们的关心是很细致的。2017 年暑假，我和先生带孙女去甘南旅游。有一天途中下雨了，为便于爱摄影的爷爷用相机拍照，她主动为爷爷打伞。有趣的是，她事后还给我拍的这张照片写了一段文字说明：“天空灰蒙蒙的一片，雨水冲得丹霞地貌都暗淡了。雨水挡不住人们前进的步子。一片黑压压的人群中，一个穿着橙色风衣的 9 岁女孩，正给在雨中背着背包、举着照相机的她的爷爷撑伞。她微微踮起脚，有些吃力，汗珠也滴了下来。那个女孩便是我。”去年冬季的一天，我先生在外招待十多年未见的朋友，酒喝得多了，回家靠在沙发上休息。孙女怕爷爷着凉，就找了一条薄绒毯盖在他身上。不久前，我身体不适，孙女帮我量体温，发现有点热度，说要补充维生素 C，帮我泡了泡腾片，还专门拿了凳子，连同杯子放在我的床边，就像她身体不适时我帮她做的一样。我先生说，你对孙女

推婆婆游公园

推老太太游公园

的付出值得了，又多了一个人这么关心你。

每逢爸爸妈妈爷爷奶奶生日，孙女都自己动手制作贺卡，给我们送上一片爱心。我 66 岁那年，孙女给我制作的贺卡又是作画、又是写对子，花了不少时间和心思。她在贺卡上写道："今天，注定不平凡；今天，绝对不普通！因为今天是我最亲爱的人—— 奶奶降临的日子！"她还对我说：奶奶您送我到各种兴趣班学习辛苦了，等我长大了一定会

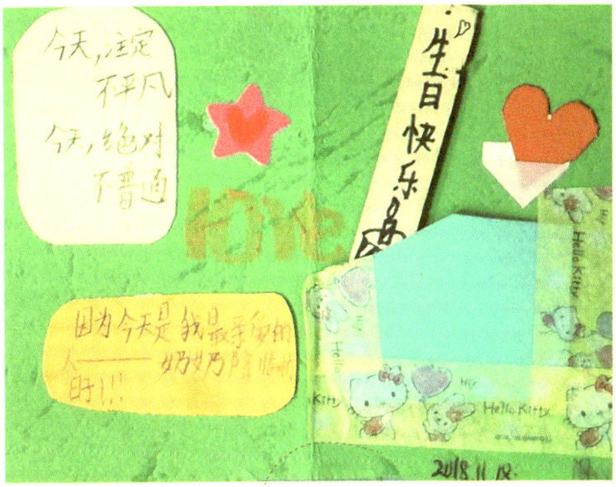

今天注定不平凡，今天绝对不普通

对你们好的。现在你们让我幸福，将来我也让你们幸福。我看了、听了，心里蛮感动的。我把这件事告诉了一位朋友，朋友认真地说：“看小姑娘的以往，就知道她给你吃的绝对不是空心汤团，这个孩子是很懂得感恩的。这也说明你们家教有方！”

这里我还想补充一点：作为一个大家庭，兄弟姐妹互相关心，互相帮助，互相包容，让父母在和睦的气氛中心情愉快地生活，这实际上也是对父母的一种孝敬。我先生说，他是家中老大，照顾弟妹理所当然，这是帮爸妈分忧。多年来每逢春节，他买了崇明特产山羊肉和外地的好酒分送给弟妹。我很赞成先生的这种想法和做法。现在社会上注重小家的多，顾全大家庭的少了一些。让我感到欣慰的是，我儿子没有忘记我们的嘱托，他带领弟妹们传承了我们好的家风。近年来，安排大家庭吃年夜饭，他和大弟经常带头张罗、买单，还别出心裁，搞一些有趣的活动，如自制奖品颁发“家奖”等，让大家分享幸福，凝聚亲情。每逢长假和寒暑假，他们又主动安排各家的孩子和爸妈一起去旅游，增进了晚辈之间的了解和感情。

“家奖”年度杰出人物奖品，印有孙辈合影

荣誉证书

HONORARY CREDENTIAL

谢秀英 家庭：

荣获2018年度长宁区“最美家庭”暨文明家庭示范户称号。

长宁区家庭文明建设协调小组
长宁区妇联
二〇一八年十二月五日

“最美家庭”暨文明家庭示范户荣誉证书

邻居羡慕我们这个大家庭，夸我们兄弟姐妹团团结结，姑嫂妯娌和和气气，三代人都很孝敬长辈，还到居委会专门说我们好话。前年，婆婆家被评为区“最美家庭”暨文明家庭示范户。

先生的妹妹说，这都是你们大哥大嫂榜样做得好。我想，这是我们全家人共同努力的结果，应该感谢弟妹们对我们的理解、帮助和支持。

我希望我们这种感恩父母的家风，能够在孙女这一辈得到更好的发扬。

培养孩子的大爱之心

孙女创意作品：《我爱我的祖国》

我和我的祖国
一刻也不能分割
无论我走到哪里
都流出一首赞歌
……
我的祖国和我
像海和浪花一朵
浪是那海的赤子
海是那浪的依托
……

近八九个月来，当我听到这首深情而又动听的歌曲，我眼前常常会浮现出孙女作画的这个情景。

2019 年是新中国成立 70 周年。我和先生几乎与共和国同龄，亲身见证了祖国战胜各种艰难险阻不断前进的历史，由衷地感到今天的幸福生活来之

孙女正在创作《我爱我的祖国》

不易，个人的命运与国家的发展休戚相关。作为过来之人，我们都觉得自己有责任教育后代热爱祖国，报效祖国。这也是阙氏家族“忠贞报国”的家训所要求的。

国庆前夕，江五小学所在区将举行“阳光天使杯”2019 年学生艺术作品展，主题是“我和我的祖国”。我当时想，孙女会画画，这项活动可以发挥她的特长——用艺术的方式歌颂祖国，又能培养她的爱国之心，于是就鼓励她参加。她愉快地答应了。

创作的那天上午，我先叫孙女用手机查找有关资料，把下午到校外一位美术老师的工作室要作的画构思一下，并尽量画出草图。她想以上海的东方明珠等建筑物作为背景，但背景前面画什么，想来想去想不出，要我出点主意。我说根据比赛主题，你看怎样把祖国放进去。她说要么图中画个天安门，我说这个想法好，到了老师那里再一起商量吧。

下午我陪她到了老师的工作室。老师打开电脑，把与这次主题有关的素材点开给我们看，包括中国地图、红旗、天安门、各种形态的龙以及一些著名的地标。老师问阚心画地图可以吗？孙女说可以。我说画龙其实也很好的，我们是龙的传人啊！孙女说，龙可能我画不好，去年奶奶生日，我画了一条龙，想做生日贺卡送给奶奶的，结果画得像条蛇。我说不要紧的，尝试一下，又过了一年，你的画功应该有长进了呀！

孙女开始画了，画完地图就画龙，想不到那条巨龙一气呵成，只是龙嘴处线条改了一次，画得真是“活龙”活现！

她思考了一会儿，给地图周围画上了北、上、广的标志性建筑，还觉得不够丰满，想再加点云彩。老师说不能画一般的云，要画和龙相配的祥云。最后，孙女按自己的喜好上色，底色选了淡紫色，寓意“紫气东来”，是吉祥的征兆。

看到地图中写的“我爱我的祖国”，我夸奖孙女这几个字写得不错，尤其是“祖国”两字。她说学校近来一直在进行爱国教育，这是我和一个同学在空余时间练空心字学的。

我注意到，整个画画的过程，孙女很专注。从下午1点30分开始，到傍晚仅离开座位三次，一次上卫生间，一次吃小点心，一次手酸离开座位休息了一会儿。我劝她分两次画，下次再来，她说省得下次再来，还是一次完成吧！就这样，她一直画到晚上7点45分左右，前后画了六个多小时，终于完成了作品。

指导老师看完高兴地说："这幅原创作品创意满分。"我先生也说它创意好、龙画得活，还将画发给他的朋友圈，引来大家纷纷点赞。孙女的姑奶奶说："祖国像一条巨龙，屹立在世界的东方。阚心画得真好，我爱我的祖国！"

我的一位朋友说："这幅画浓墨重彩，孩子想用各种元素，尽情地表达对祖国的爱，这一点十分可贵。虽然它在艺术性上或许有些不足，但这是不能苛求于一个小学生的。"

的确，孙女平时主要喜欢画花鸟蝶鱼和可爱的卡通人物之类，几乎没有接触过这种严肃的题材。创作这样的画，她没有积累，不会有多少优势。但是我想，参与这项活动，让她多接受一次绘画的锻炼，多接受一次热爱祖国的教育，也是很有意义的。孙女乐意地接受了我的建议，没有在困难面前打退堂鼓，而且聚精会神，画得很投入。她对歌颂祖国所表现出来的积极、认真的态度，我觉得与这幅作品一样值得鼓励。

今年春季，我们都经历了严重的疫情。当新冠肺炎病毒肆虐武汉的时候，大批医务人员响应国家号召纷纷驰援江城。我和孙女每天看着战“疫”新闻，深深地为白衣天使的逆行和奉献而感动。

我想自己应该捐点钱表表心意，同时也应该让孙女有所表示。跟孙女一说，她说自己也想捐点钱，但一个小朋友捐的钱人家会收吗？我捐的钱只有一

荣誉证书

人道救助 爱心关怀

捐款

为感谢您对红十字人道救助事业的支持，特授此证纪念。

上海市长宁区红十字会

CERTIFICATE OF APPRECIATION

It is granted with great honor in recognition of your contribution and support for the Red Cross services and humanitarian aid and relief

Changning District Red Cross Society of Shanghai

“人道救助 爱心关怀”荣誉证书

点点会对人家有帮助吗？我赞扬了孙女捐款的想法，并对她说：“你捐的不仅是钱，更是爱心；如果每个人都像你一样捐一点，那这些钱起的作用就不小了。”

我还建议她发挥自己的特长，在捐款时加一幅抗击疫情的画，表示对医务人员的敬意。她说要画就得好好画，叫我先捐钱，然后她再考虑画画。她还在压岁钱的红包上，工工整整地写了“向白衣天使致敬”几个字。我问她要签个名吗？她说不要。当天，我把我和孙女的捐款交给了所在居委的领导。没过几天，我们收到了区红十字会颁发的“荣誉证书”。

孙女在后来的作文中写道：“收到了红十字会的证书以后，我心里暖暖的，不仅因为我做了个正确的决定，更因为那一刻我长大了！”

捐款之后，孙女开始考虑创作抗击疫情的画。恰巧这个时候，吴老师在寒假作业交流中，布置学生看视频，学习海报设计知识，还要求学生创作一幅宣传海报。于是，她按照海报的样式，构思画面的人物、布局和结构。

记得 2 月 25 日那天，从上午 7 点左右开始，她大约画了三个小时，中间没休息过。我看到她坐在卧室地面的垫子上，背靠床沿边，时而思考，时而在画板的画纸上点点划划。画完后，她慢慢站起来对我说："哎呀，脚都麻了！"第二天，她在画面上加了"武汉加油""中国加油"，以及"隔离病毒，不隔离爱"这些字。她说这样能使海报简洁明了，也可以更好地表达自己和大家的心愿。

这幅画初看是一幅平常的海报，其中的人物和口号等元素，我们在疫情期间见得很多，并没有特别之处。不过听了孙女的解释，我感到里面还是有比较细致的考虑，有可以圈点的地方。

她说：画的左边三个人物是医生和护士，他们都是抗击新冠肺炎病毒的白衣天使。人物上方是医院用的输液瓶，以及代表杀菌、杀病毒的胶囊药。中间那个大C代表盾牌，医生左手握盾牌，右手持消毒水。盾牌用于隔绝病毒，右边五个图形代表新冠肺炎病毒。医生左脚旁边的N95口罩箱，表示大家都在献爱心，支援武汉抗疫。

孙女创意作品：《战“疫”》

在颜色的处理上，她说画面左边最顶端的地方是大红色，它象征着中国和正方。

红蓝是对比色，所以右边“疫”方用了蓝色。“武汉加油”用紫色，四周用白色勾勒，表示武汉被病毒侵袭了。“中国加油”用红色，铺底用了橙黄色，预示着希望，也就是全国人民必将战胜病毒。“隔离病毒”用蓝绿色，寓意春天即将到来；“不隔离爱”是很暖心的一句话，所以用了暖色中的粉色。

对于画面的划分，她说开始时打算把左右等分为二，因为这次疫情超强，给病毒占比不能少，后来考虑到红、蓝两方应该突出正方，所以将前者所占比例加大了一些。

吴老师看了这份作业，称它是“非常好的作品”，给了5颗星，还特别给予点赞。面对这幅凝聚着孙女爱心的海报，看着老师对作品少有的赞誉，我感到孙女正像她在作文中所写的那样："那一刻我长大了！"

我的一位老同事看了画，了解了作品的含义，连称小姑娘的构思好。他说，画面上没有穿防护服的女性，看上去有点不规范、不协调，其实从另一个角度考虑，她也可以代表为其他病人服务的医护人员，他们也在为抗击疫情贡献力量，我们同样应该记住和感谢他们。他还将新写的一首诗作赠送给我的孙女，以示对她作品的赞同和鼓励：

江城蒙难疫横流，黎庶遭疾断客流。

华夏一声援荆楚，炎黄万众护神州。

白衣救死情达海，迷彩扶危气冠牛。

巨害必除春岂败，国赢庚子载千秋。

爷爷镜头里的爱

施惠丽

爷爷教孙女拍照

孙女学爷爷取景

我的先生也很爱孙女，只是爱的方式与我有所不同。他也关心孙女的学习、做人和成长，但不像我是婆婆嘴，他要言不烦，点到即止。先生还会发挥自己的长处，常年开车和我一起接送孙女上学，我们笑称爷爷是我俩的“专职司机”。

先生还喜欢摄影，让孙女从小学习拍照。他多次驾车带她去市郊拍摄，上面2张照片记录的就是当时的情景。前者是先生向孙女耐心地讲解如何拍摄，后者是孙女学着爷爷的样子在取景。孙女说她也一直很爱爷爷，还说这种爱无法用语言表达。我拍下了这两个场景，或许会给孙女对爷爷的爱留下一份特殊的纪念，可惜我当时水平差没拍好，前面这张照片竟然把爷孙俩的身体都拍斜了。

先生年轻时就爱摄影，后来因长期忙于工作，一直没法过把拍照瘾。退休以后有时间了，他不满足于已有的摄影知识，自费去听课学习，每周一次，延续了两年时间。在这过程中，他经常向摄影技巧好的同事学习、请教，还结合旅游去实践。他拍照时很专注、很用心，这从我偷拍的右面两张照片中可见一斑。

全神贯注，聚精会神

功夫不负有心人，先生拍出了一些比较有特点的作品，比如《海誓》和《比翼》。我觉得，这两张照片有一个共同的特点，就是：画面清晰，色彩明丽，构图合理，看着舒服，也耐人寻味。这都是他在国

爱琴海边

鸟岛上空

外旅游时抓拍到的。当时我也在场，但这些景象都没有引起我的注意。他能够捕捉到，说明他善于观察，比较钻研，学习还是蛮有成效的。

先生拍的照片，还有三张给我的印象也比较深。其中两张拍的都是猴子，逼真地反映了动物跟人类共同拥有的母爱——呵护之心和关爱之情。另一张拍的是公园的一角，画面真是多姿多彩。特别是人们的穿着反差很大，有光穿汗背心甚至赤膊的，有穿茄克衫戴帽的，也有把身体裹得严严实实的，有点像“四季时装秀”。画面散发出的那种自由自在的气息，还有三个青年男女友爱而又随意的交谈，都是我很喜欢的。据先生说，当时一起去公园的摄友，都没有拍这个场面。我

呵护之心，关爱之情

四季时装秀

一照爱两代

对先生说："你的眼光还可以啊！"

先生给孙女和我也都拍过一些有趣的照片。大前年，我们带孙女去西北旅游。一天晚上，孙女在黄河边找贝壳，我拍她的动作，先生把我们都拍进去了，给我和孙女留下了彩色的记忆。去年，我和先生随队去欧洲旅游，有一天前往希腊的黑沙

白浪逐黑滩的一道风景

海浪送清凉

滩游览。黝黑的泥沙，没有一丝杂质，白浪逐黑滩，别有一番韵味。可是，团内 27 个游客，只有我脱鞋“下海”了。我独自一人赤脚走在沙滩上，享受海浪送来的清凉和舒适。没想到的是，看见我弯腰卷裤脚管，先生偷偷地按下了快门。而当我张开双臂主动配合先生拍摄时，一位同伴也眼疾手快，将我们的“表演”抢入了镜头。后来每当我看到这两张照片时，心里总会产生温馨的感觉。

我退休后，先生也要我学摄影。我和先生一起出去旅游时，他经常教我、鼓励我拍照，说：“你想要做的事，一定会做好的！”像下面这张照片，先生还表扬我拍得比他好。

照片前面的摄影师采用的是早期的拍摄法，我们小时候和青年时代，都是面对这样的

喜新不厌旧

和平相处

相机留影的。现在我们这里已很少见到此番景象了，这是我和先生在欧洲街头看到的。有些年轻人出于好奇心，就去试一把，多数拍的是情侣照。先生表扬我，是说我站的角度比他好。我当时还不觉得，事后想想，他说的也许是指我能拍到说明问题的背景——那个背对我们的站立者，在用手机拍摄王宫外墙和密集的游客。有了这个背景，可以形成新旧拍摄方法的对比，说明时代的变迁之大，增加了照片的内涵。后来，我给这张照片瞎取了个名，叫做“喜新不厌旧”。

还有一张我拍的照片，先生认为拍得也不错。这也是我和先生在国外旅游时拍的。当时，我看到有三只鸽子悠然自得地与人共处一桌，感到很少见，也很有趣，就拍了下来。后来仔细看了照片，我发现这中间居然有三大洲的人：最前面的两个是非洲人，后面靠左两个是我们的同伴——亚洲人，行走的两个是欧洲人。这时，我从鸽子联想到了人与自然的和谐相处，又联想到了世界大家庭的和平相处，隐隐约

浓缩的爱

约地感觉到这张照片似乎还有些启示意义。但从拍摄技巧和审美效果来看，我认为拍得一般般，特别是主要人物的面部神态没有抓拍好。

在先生的激励和帮助下，我掌握了摄影的一些要领，拍照比过去有了进步。这样，我带孙女去参加校外活动时，也能拍比较满意一点的照片给她留作纪念。

2018 年，孙女参加第 20 届中国上海国际艺术节“慧画无限”学生公共美术活动，她和本校两位同学在吴老师的指导下，在模特板上精心作画，憧憬学校的未来，为学校赢得最佳创意奖尽了力。我抓住孙女最高兴的一刹那，把他们参赛作品完成后兴奋不已的场景锁定了下来。我对孙女的爱也浓缩在了这个美好的瞬间，我为此而感到十分欣慰。

后 记

我的老爸老妈为带教我的女儿，花了大量的心血。老爸常年开车往返学校接送孩子，老妈更多的是陪伴和帮助孩子学习。

去年9月份，妈妈对我说，她想为孙女出一本书，记录孩子过往的成长经历，留一份纪念。我一听感到有些突然，甚至有些惊讶。虽说女儿从小兴趣广泛，作品不少，也获得了一些奖励，但她毕竟只有11岁，作品还很稚嫩，哪够得上出书啊！妈妈说：我本来也是这样想的，但一些同事和同学听我讲了孙女的一些故事，很感兴趣，多次鼓动我为孙女出本书。我想，既然大家这样说，那我就试试吧，帮孙女整理一下作品，就是不能出版，留在家里看起来也方便一些。妈妈还说她跟孙女说过，孙女也很乐意，因为她们班原来就有三个女同学想出书，还邀请她当插画师呢！

我知道妈妈信奉人生的意义在于追求。听了妈妈的想法，我觉得不能给她泼冷水了。妈妈当时还跟我说，她准备花一年时间做完这件事。我想，时间上还有些余地，反正妈妈退休了，就让她慢慢做些自己喜欢做的事情吧。令我再次感到惊讶的是，4 月上旬，妈妈把书稿写出来了，前后仅用了半年多时间。

后来我才了解到，妈妈是个很有心的人，在带教孙女的过程中，为孩子细心地保存了大量的作品，写了不少心得片断和叙事素材。妈妈还不耻下问，虚心地向专家请教。她的助学感悟部分，就是根据有关编辑的建议写的。在抗击新冠肺炎疫情的三个多月中，妈妈宅在家中，经常早起晚睡伏案写作。妈妈读大学学的是文科，在当机关干部期间，曾经编过简报，搞过文字工作。把这些因素联系起来思考，我理解了妈妈为什么会成为“快枪手”。

妈妈告诉我，上篇才艺展示部分，是她根据平时对孙女的了解和孩子近期的口述录音整理成文的。

不是说谦虚的话，无论女儿的才艺，还是妈妈的感悟，尽管我以前都有所了解，但是真正系统、全面地了解，还是在看了本书之后。背后有些感人的故事，读来令我动容。写到这里，我觉得妈妈做这件事是值得的，她为我们家庭积累了一份宝贵的精神财富。这本书所提倡的认真、勤奋、善良、诚实、孝敬父母、热爱祖国等观念，我想对社会也是具有积极作用的。

复旦大学新闻学院张子让老师是我妈妈的老乡，也是早年和我妈妈一起在机关工作的同事。他为本书的出版提供了不少帮助，我代表全家向张叔叔表示衷心的感谢！

阚　瀛

2020 年 6 月于上海

图书在版编目（CIP）数据

树头新绿望成荫：奶奶伴孙游学海 / 阙心，施惠丽著. —上海：文汇出版社，2020.12

ISBN 978-7-5496-3353-1

Ⅰ. ①树… Ⅱ. ①阙… ②施… Ⅲ. ①家庭教育 Ⅳ. ①G78

中国版本图书馆CIP数据核字(2020)第206298号

树头新绿望成荫

——奶奶伴孙游学海

作　　者 / 阙　心　施惠丽

出 版 人 / 周伯军
责任编辑 / 张　涛
装帧设计 / 王　翔

出版发行 / 文匯出版社
上海市威海路755号（邮政编码200041）
经　　销 / 全国新华书店
印刷装订 / 上海丽佳制版印刷有限公司
版　　次 / 2020年12月第1版
印　　次 / 2020年12月第1次印刷
开　　本 / 787×1092　1/16
字　　数 / 70千
印　　张 / 13.75

ISBN 978-7-5496-3353-1
定　　价/ 60.00元